Del sueño a la conquista

Descubra la fuerza
de la determinación
y logre sus metas

Del sueño a la. conquista

Descubra la fuerza
de la determinación
y logre sus metas

WILLIAM RAMOS

TALLER DEL ÉXITO

Contenido

Prólogo

La naturaleza humana está perfectamente condicionada para moverse hacia adelante, hacia la evolución y el desarrollo, aun en las difíciles situaciones que el género humano vive y ha vivido desde sus inicios. A pesar de ello, el hombre continúa su lucha por avanzar, conquistar y trascender en la historia misma del universo del que hace parte inevitablemente.

Tenemos un desafío muy grande: asumir con responsabilidad nuestras decisiones y entender que nada alcanzaremos en la vida si no educamos nuestra voluntad para que esta se convierta en la fuerza más poderosa que nos empuje por encima de las dificultades que puedan ir apareciendo en el caminar diario hacia esos pequeños o grandes proyectos que como seres humanos debemos conquistar para hacernos fuertes y competentes.

Los fracasos posiblemente se encuentran hasta en las más pequeñas intenciones que dejamos sin terminar; nos detenemos a veces apenas comenzando; en otras ocasiones ni siquiera somos capaces de iniciar nuestro esfuerzo, y así, poco a poco, vamos debilitando nuestra voluntad.

Seguramente cuando usted se ha propuesto comenzar algo y terminarlo, ha calificado su gran conquista como la expresión máxima de su "fuerza de voluntad"; pero así mismo, cuando usted ha iniciado alguna acción en busca de un gran logro –que incluye desde comenzar a caminar media hora en las mañanas, hasta terminar de leer este libro, o tener su propio negocio— y se ha quedado tan sólo en la intención de hacerlo, también usted habrá calificado su debilidad por la misma falta de voluntad, que por supuesto, está conformada por diversos factores, que van desde la falta de razón o significado para soportar sus esfuerzos –y en consecuencia la pérdida de la emoción que de inmediato le hace detenerse—, hasta quizá, su incapacidad para "soportar la presión" de los grupos de influencia que le invitan a abandonar sus objetivos.

Fortalecer el músculo de la voluntad humana requiere de acciones constantes, que aunque parezcan pequeñas, irán abriendo el camino hacia la conquista personal que anhelamos, y que es sin duda alguna la más importante de todas.

Antes de alimentar la voluntad humana tan sólo con un grito de "yo soy capaz", tendremos que saber encontrar los motivos más profundos para actuar, reconocer cuáles son esas mentiras que acechan nuestra mente, merecer la abundancia desde nuestro interior y dirigir nuestros esfuerzos hacia objetivos claros que sean de verdad para nosotros desafiantes.

Nuestra vida, como el viejo puente construido en la montaña, ha visto pasar mucha agua por debajo, y aún así, con frecuencia nos preguntamos qué tanto hemos logrado y qué tanto aún nos puede faltar.

En realidad, sin pretender entrar a los planos existencialistas, siempre ha habido un momento en donde usted y yo nos hemos preguntado sobre nuestro destino y participación en la vida y en este mundo que hace millones de años gira siempre igual.

Pensar en esto es positivo para el ser humano. De hecho, sólo quienes se han detenido, no una sino varias veces a pensar en ello, han logrado, de verdad, adueñarse de su destino y encontrarle mayor sentido a su existencia, construyendo desde su propia perspectiva el modelo ideal que les permite afrontar con madurez, voluntad y carácter sus propias decisiones.

Sin embargo, por el mundo también marchan otros individuos impotentes al no encontrar la forma de tener control sobre sus actos, y por ello se han convertido en esclavos modernos, que no les importa pensar, porque hay otros que piensan por ellos, y que mueren de miedo cuando se quedan solos consigo mismos, pues no saben qué irán a responderse cuando su propia conciencia les cuestione sobre su incapacidad para actuar como dueños de su vida.

Día a día nos encontramos con personas que han convertido su voluntad —si alguna vez la tuvieron— en su propia prisión, y sus decisiones por lo general están sometidas a las decisiones y a los valores de otros como si fueran sus amos, viviendo prácticamente otro estilo de esclavitud, esa que duele hasta las entrañas, esa que desgasta el espíritu humano, que por naturaleza es libre, y que quiebra el carácter, el cual, como dijo Marion L. Burton: "Está formado, no por leyes, mandatos y decretos, sino por la influencia tranquila, fascinación inconsciente y dirección personal."

Tenemos la inmensa capacidad de soñar con un mejor futuro y vivir con el deseo profundo de encontrar maneras superiores de vivir. Sin embargo, no tenemos siempre la misma fuerza para abandonar lo que ya no queremos, y mucho menos, para lograr lo que tanto soñamos y merecemos".

Observe usted a tantas personas que aún sabiendo que morirán por los efectos del cigarrillo, se resisten a abandonarlo; o a quienes siendo conscientes que su obesidad es causada por la pérdida completa de su voluntad para comer de manera prudente y sana, prefieren lanzarse desmedidamente a disfrutar lo que para ellos es su mayor delicia y pierden por completo la capacidad de vigilarse, fragmentando así su voluntad en mil pedazos y llevan como lema una de las frases de mayor irresponsabilidad que haya escuchado: "De algo nos tenemos que morir".

Es evidente que en nuestro mundo existen quienes su mayor ambición es continuar viviendo de fracaso en fracaso, pues incluso, cuando tienen la oportunidad de mencionarlo lo repiten, como aquellos que cada vez que se les presenta la ocasión, le cuentan a todo el mundo que llevan años sin dormir bien. En realidad estas personas esperan que quienes estamos a su lado nos arrojemos a sus pies llenos de compasión; de eso viven, de la lástima de los demás, porque de alguna manera tienen que ser reconocidas, y ser víctimas es otra forma de convertirse en héroes.

Podríamos afirmar que en realidad somos más los que creemos firmemente que la vida es una oportunidad para ganarnos la trascendencia que merecemos y para disfrutar de una existencia más placentera y merecedora, demostrando que los seres humanos verdaderamente somos más que simples huesos.

Usted y yo hacemos parte de esta misión y cada uno de nosotros día tras día, a pesar de nuestras propias dificultades, tendremos que saber levantarnos y comenzar de nuevo a subir hacia las empinadas cumbres que se nos presentan, porque la vida no es ese "valle de lágrimas" que algunos califican; la vida es la más alta montaña por donde debemos ascender hasta conquistar la gloria. Es una elección que todos hacemos o no.

No pretendo con este libro convertirme en su más importante motivación, porque aquello que la detonará en usted, habita en su interior y no va a ser nadie más que usted mismo quien explore las verdades más profundas que guarda dentro de sí y que lo gobiernan.

La vida nos plantea muchas preguntas que tendremos que enfrentar algún día con seriedad y dignidad humana, pero no será suficiente con que estas preguntas se queden en la fina contemplación de la existencia.

La distancia entre lo que usted es hoy y lo que añora ser, es tan extensa o tan corta como sus creencias se lo permitan; cambiar algunas cosas dependerá de la reorientación que usted logre darle a sus valores y de la disciplina férrea que posea para fortalecer su propia voluntad.

No pretendo brindarle respuestas a una de las preguntas quizá más existencialistas que llegue a hacerse el ser humano: ¿Quién soy y cuál es el sentido de mi vida? Pretender hacerlo sería arrogante, como lo han sido muchos filósofos, psiquiatras, psicólogos y hasta religiosos, que alguna vez nos han propuesto que nos adueñemos de sus verdades.

Deseo sólo compartirle varios interrogantes que he podido reconocer como "las preguntas profundas" y que desencadenan en nosotros la poderosa fuerza de la voluntad. Muchos de los cuestionamientos los he asociado con diversos temas que el mundo moderno "le exige" al hombre "moderno" y a través de los cuales he descubierto cómo, el éxito y la felicidad, el trabajo y la responsabilidad, la libertad y la verdad, la voluntad y la misma adversidad, por mencionar sólo algunos de los temas que aquí plantearé, se encuentran maravillosamente conectados, haciendo de la existencia humana ese universo complejo que día a día conquistamos o simplemente dejamos pasar sin ninguna trascendencia.

No deseo hablarle del éxito como la fórmula mágica que algunos han querido darnos, en donde usted, tan sólo debe anhelarlo incansablemente para obtenerlo, mientras espera sentado que todo lo que sueña le llegue a sus pies. Creo en el éxito, no como un lugar a donde se llega, sino como un estado que se conquista día tras día, con una visión inspiradora, una voluntad férrea, una disciplina inagotable, un trabajo con amor, y un deseo infinito de ser mejores. Creo en el éxito que se obtiene cuando quien lo persigue se mueve, lo busca y lo disfruta apasionadamente.

Durante estos últimos años he disfrutado al conocer hombres y mujeres colmados de tal éxito, llenos de una profunda grandeza interior; también me he encontrado con los valientes conquistadores que un día se rebelan ante la vida mediocre o medianamente buena que llevan, y entonces hacen un acto de valor, autogobierno y libertad, y se enfrentan a nuevos mundos desconocidos por donde otros ya han pasado hace años. Abandonan la comodidad o incluso la misma incomodidad en la que han vivido por muchos años, y se disponen a descubrir razones poderosas para no detenerse.

Pero por supuesto, también he conocido a los "entusiastas" de corto alcance, que al tener que enfrentarse muchas veces incluso al sacrificio, siempre encuentran la disculpa perfecta para disimular su debilidad de carácter y su pobre voluntad.

Todos ellos deben estar conectados de alguna manera a la razón más profunda que desata su entusiasmo o destroza su voluntad; unos son poderosamente capaces de alentarse y avanzar como saetas; otros son débiles como alas de mariposa que añoran volar muy alto, pero que ante los vientos que soplan, se detienen, se posan en los jardines de la complacencia y allí mueren.

Mi propósito es invitarle para que sean sus propias respuestas las que le permitan comprender que todo lo que usted es y hace, está íntimamente relacionado con el sentido profundo y la voluntad, a través de los cuales usted día a día abre sus ojos y comienza la conquista más noble que cualquier ser humano puede lograr: la conquista de sus propósitos.

Nunca existirá una respuesta universal sobre el sentido de la vida, porque éste está relacionado con cada individuo y por ello, dicho sentido es personal. Cuando lleguemos al final, usted podrá regresar por el camino por donde ha venido, o tomar un nuevo rumbo.

Sólo le hago una promesa: por donde usted elija marchar, irá con muchas preguntas, porque sólo así la vida tendrá sentido y su fuerza de voluntad adquirirá valor.

Capítulo Uno

Forjando un nuevo destino

La razón que alienta la voluntad humana

Las preguntas que sí tienen respuesta

La naturaleza humana pide desesperadamente una vida colmada de abundancia, dignidad y paz, y estos no son premios que se obtienen por fuera del ser humano; son condiciones que cada quien cosecha de sus propios valores, de sus creencias más íntimas, de su manera de ver la vida y de su razón más pura según la cual su existencia tiene sentido.

¿Se ha preguntado alguna vez recientemente si lo que hace, de verdad le colma de dicha y pasión?

Muchos autores afirman que el ser humano debe estar libre de estados de tristeza, temor o soledad, como si éstos no fueran parte de la esencia humana. Qué ingenuos aquellos que lo proponen y qué tontos los que les creen, porque, de verdad, la vida está hecha de todas esas cosas, y es por ellas que el ser humano se debate entre el coraje y el miedo, y es tan sólo cada uno de nosotros quien toma la decisión de abordar con responsabilidad y valor su propio destino.

La naturaleza humana está compuesta de muchos estados que hacen de la vida un reto para el espíritu de todos los que deciden por fin un día hacerse cargo de su vida, abandonando para siempre los "múltiples" culpables de su posible desdicha, cansancio o ausencia de sentido.

Las personas que tienen el coraje para tomar el control de su vida y su destino, no están lejos del miedo o la preocupación; en realidad se diferencian de los demás, porque deciden moverse en medio de estos estados hasta atravesar el túnel de la incertidumbre natural que cada quien debe enfrentar en su ruta, logrando iluminar el camino que busca, sólo con la luz de sus esfuerzos, su tenacidad, su fe, su voluntad recia, la claridad de sus propósitos, y por supuesto, con una sólida moral, que les permite soportar las avalanchas del mundo externo.

El siglo XXI es sin duda el siglo de la moral, y nuestro presente, el momento acertado para interpretar la importancia de refugiarnos en ella, porque la tempestad afuera golpea con rudeza a los seres débiles en sus principios, a los blandos de carácter y a los que no son capaces de tomar el control de sí mismos, al punto en que su voluntad se hace tan frágil que con suma facilidad decaen ante sus propósitos.

Desde luego que al cerrar nuestros ojos para imaginar un mejor futuro, es un momento de inspiración necesario para refrescar el espíritu agitado por los tiempos modernos, pero usted tendrá que acompañar ese estado de contemplación, con acciones y con resultados.

Tendrá que dejar de desear y comenzar a necesitar, porque al final, la conquista del ser humano se logra cuando los sueños se convierten en acción.

No es suficientemente digno pasar la vida sólo añorando un mejor vivir. Si el ser humano no se levanta y se pone en marcha, muere.

Miles de soñadores, muchos de ellos hijos de la mediocridad y del temor a enfrentar con coraje la vida misma que se construye día a día, han preferido entregarse a otros para que les indiquen cómo deben pensar, sentir y actuar.

Será mejor que abra sus ojos y comience a ver su propia verdad, porque es desde allí desde donde el ser humano comienza a dominar su destino y desde donde su existencia cobra valor, sentido y gracia.

Ha llegado el tiempo de comprender de verdad qué tan responsables somos por nuestra vida. Siempre hay un "ahora", siempre hay un "después", y sólo usted podrá elegir cuál ruta seguir y el tiempo para actuar.

Si viaja por el "ahora", se convertirá en partícipe de su obra. Pero si elige el "después", alguien le escribirá el papel que usted tendrá que representar para su propia vida, corriendo el riesgo de tener que vivir un verdadero drama, digno de quienes se resisten a pensar y a vivir diferente.

Quien decida entregar el papel protagónico de su vida a otras personas amantes de la mediocridad y la vida tibia, no tendrá derecho de andar por ahí lamentándose y refutando todo cuanto le rodea, porque ésta ha sido su propia elección y las otras personas tan sólo han hecho lo que tenían que hacer: "diseñar el mapa por donde quien se resiste a gobernar su propia vida tendrá que navegar".

Estas aguas muchas veces son sólo estanques putrefactos que contaminan la dicha del espíritu humano y que muchos están dispuestos a beber a costa de su felicidad y su sentido real, argumentando, por ejemplo, que al menos tienen comida segura, así su alma sea el lugar más inhóspito que posean, en donde ya ni las ilusiones logran habitar, y en donde su espíritu humano se agita, arrastrando una penosa y melancólica forma de vivir.

He visto a muchas personas colmadas de emoción y de disposición para cambiar su vida, pero luego de varios intentos, terminan sentadas viendo pasar sus días en medio de la frustración y desolación, asegurando que ellas no nacieron con mucha suerte, o peor, que el éxito es tan sólo para unos pocos.

Creo profundamente que la motivación es un tema mucho más serio que cerrar los ojos e imaginar un futuro mejor; por supuesto que lograr dibujar desde la mente nuestro futuro ideal es un buen comienzo, pero en realidad, la verdadera motivación es como un estallido interno que moviliza todos los esfuerzos del ser humano hacia un lugar, un estado o una acción, no por un corto tiempo ni con un simple grito de "adelante, el futuro está en sus manos".

Valiente acción lograr que la gente grite que son héroes capaces de conquistar el mundo, mientras por dentro se ahogan en medio de la desolación, la soledad y la pérdida de sentido. Gritar quizá sólo espanta los fantasmas que habitan en el interior del ser humano, pero inmediatamente se acalle, éstos de nuevo volverán a poseerle y continuarán habitando las cavernas oscuras del espíritu derrotado, aplacado e infinitamente pequeño.

El grito de conquista será eterno cuando el hombre comprenda que su voluntad deberá ser entrenada con acciones diarias, incluso, muchas de ellas con poco sabor, pero siempre con mucho significado.

Los gritos en la batalla no siempre llevaron al guerrero a la victoria, y sí, por ellos, muchos fueron blanco perfecto de las flechas puestas en sus corazones mientras gritaban. Si usted no acompaña ese "adelante" con acciones cargadas de una voluntad férrea, nada podrá conquistar, y esos sueños que lleva por dentro, tarde o temprano serán tan sólo viejos antojos o grandes pesadillas.

¿Qué persona no desea un mejor vivir, un mayor bienestar para su vida y la de las personas que tanto ama? ¿Cuál es entonces la razón por la cual, todos soñamos, pero muy pocos logramos convertir esos sueños en realidad? ¿Por qué en su inmensa mayoría todos anhelamos llevar una vida de realización personal y de dicha, y los pequeños problemas se convierten en tormentas que destruyen las velas de nuestra embarcación, desgarrando la fuerza interior de nuestro espíritu conquistador y venciendo nuestra voluntad?

La motivación, más allá de ser un estado de inspiración pasajera, tendrá que ser un estado de sentido y emoción constante. Sin un motivo, la vida no tiene emoción, ni razón, y por ello, creo que son varios componentes los que la tejen. Sólo a través de éstos, el ser humano sabrá conducirse y lograr el éxito, que no es más que la realización de sus metas más íntimas.

¿Sin estos propósitos quién puede hablar de trascender? La naturaleza humana pide desesperadamente una vida colmada de abundancia, dignidad y paz, y estos no son laureles que se obtienen por fuera del ser humano; son condiciones que la persona cosecha de sus propios valores, de sus creencias más íntimas, de su manera de ver la vida y de su razón más pura por la que su existencia tiene sentido.

Sin duda, he comenzado con muchas preguntas, pero pienso que la existencia del ser humano exige hacerlas. Su vida y mi vida no pueden ser tan sólo la respuesta de la sexualidad de dos seres humanos; imposible, usted y yo estamos aquí, en este tiempo y en este espacio, para ir más allá de estudiar, trabajar, tener una familia, una mascota, un auto, una casa, una pensión, volvernos viejos y morirnos, así muchos incrédulos sigan promoviendo la no existencia de un mañana, la ausencia de un espíritu o de un estado superior para nuestra alma.

Por encima de quienes piensen que nada va a suceder mañana y que hasta el mismo sol se apagará para siempre, la vida ha transcurrido por siglos, porque ésta ha sido creada para que el ser humano se debata en ella, avance, se duela, se llene de sentido interno y trascienda, se conquiste y sea mejor.

Más allá de quienes afirman que al morirnos termina todo, la vida por sí sola es el reto de mayor importancia que debemos afrontar, a pesar de las soledades, las angustias y los miedos que humanamente se pueden sentir; también para esto existimos, para avanzar tras las tormentas que golpean y debilitan y para dirigirnos lo más lejos posible en nuestra existencia, sin importar si somos estrellas en el firmamento de la fama o si alguien nos reconoce en la calle.

La vida llena de éxito, es la vida misma que nosotros deseamos tener y que por nuestras propias acciones merecemos. Usted busca el éxito afanosamente y puedo asegurarle que ya, miles de veces lo ha conseguido, pero quizá no lo ha sabido disfrutar y otras veces también lo ha dejado escapar por andar mirando el bosque sin contemplar el árbol.

Si para miles de personas la vida es tan sólo un momento fugaz que se apaga sin dejar huella en la historia misma del universo, ésta es su verdad y entonces sólo podríamos desearles que se dediquen a disfrutar de los pocos años que tienen en esta tierra y luego, que sean despedidos para siempre en medio del olvido que han merecido por sus propios actos, porque seguramente, nada han construido para el destino de la humanidad y sólo han sido espíritus pobres de paso.

Quienes no se detienen muy continuamente en su carrera apresurada por la vida, a preguntarse cuáles son las razones que de verdad colman su existencia de sentido y emoción, serán para siempre simples observadores y no grandes protagonistas, y además, poco a poco su vida se colmará de sinsabor, de un ir y venir constante, sin ningún sentido real de conquista, de logro ni de dominio.

Mientras comenzaba a escribir este libro, me encontré con un colega que hace varios años me había dicho prácticamente lo mismo: "Estoy pensando seriamente en escribir un libro". – "Pero si hace tiempo me dijiste lo mismo, ¿qué ha pasado?" –"Estoy organizando mejor el tema" –me respondió–.

Así hay miles de personas que están pensando seriamente en hacer una dieta, abrir su propio negocio para lograr la independencia financiera, estudiar por fin la guitarra o comenzar una rutina de ejercicios, sólo por mencionar algunos de los buenos deseos, pero al parecer, pasan la mitad de su vida pensando qué hacer y la otra mitad pensando cómo hacerlo, y de verdad, creo que la vida es de acción, de dinámica, de coraje, no sólo de buenos deseos, ni de una santa contemplación.

Una de las razones más comunes por la cual las personas fracasan es que se les ha olvidado que deben dar varios pasos antes de volar; así lo expresó William Cobbett[1] cuando dijo: "Los intentos para alcanzar la cumbre en un simple salto son la causa de tanta miseria en el mundo".

Algunos piensan que van a vivir para siempre aquí en la Tierra, o que aún tienen el tiempo suficiente para hacer por fin algún día lo que dicen que piensan hacer, pero luego terminan expresando que la vida pasó demasiado rápido. Ya verán cómo en el fondo de sus corazones, una voz profunda les estará gritando día y noche que la verdad es otra y que sólo les faltó coraje para tomar el control de su propio destino y la voluntad para actuar por encima de sus miedos, su comodidad o su pereza.

Sin duda, parece ser que al aumentar las posibilidades de pertenecer a un mundo colmado de avances, también nos estamos olvidado de apreciar los detalles pequeños; por ello, la vida se dibuja con unos matices demasiados tenues, al punto que dos de los mayores males que hoy nos golpean, son la soledad y la pérdida del significado.

Comprobará usted mis palabras al ver en todos los modernos cafés de Internet del planeta a hombres y mujeres desesperadamente solos, conectados, "chateando" con extraños seres virtuales que saben cambiar su identidad y convertirse en personas perfectas e ideales, ricas, poderosas, exitosas y románticas, pero cuando se desconectan del sueño y regresan a la realidad, no son más que seres mediocres, insatisfechos y solitarios y por ello, profundamente infelices; sólo volverán a encontrarle el sentido a su vida cuando de nuevo se conecten con el mundo virtual, ese mismo que han vivido siempre, en cada uno de sus actos.

---

1. Cobbett (1763-1835) fue un popular periodista que defendió la Inglaterra rural y los derechos de los pequeños propietarios.

Todos los días vemos cómo miles de personas se levantan y comienzan su rutina que es la copia exacta de otras miles que van a la misma velocidad, unas a trabajar o a hacer algún deporte, otras a la iglesia a depositar allí sus culpas, mientras que otras más se sientan a ver morir el tiempo de su vida en los parques, las calles o en sus lugares de trabajo.

He visto últimamente a mucha gente en las empresas, esperando la muerte mientras devengan salarios; ya no piensan, sólo operan como una máquina de piñones humanos; ya no sienten, sólo respiran, ya nada les conmueve, nada les duele, sólo su desastre personal; ya no ambicionan nada y esperan sentados la muerte, que para ser sincero, ya les ha llegado y ni siquiera ellos mismos la han percibido, porque ésta, aunque es un estado del cuerpo, también llega a ser un estado del espíritu humano; cuando éste cae en aridez y pierde la voluntad, ha muerto.

¿Para qué quieren ellas después de muertas un espíritu que en vida no ha sido educado para trascender? Dios sabrá qué hacer con ellos. La muerte va más allá de no existir; es un estado en donde a pesar de estar despierto, nada ni nadie hace latir la esencia humana.

Cuando el sol asoma por detrás de las montañas, comienza la vida en las grandes ciudades; los motores de los autos se prenden al tiempo que las cafeteras en las casas; las calderas en las grandes empresas siguen su marcha alocada. Cada día se ven más individuos corriendo, subiendo y bajando, llevando de la mano a sus hijos a grandes velocidades para empujarlos a los buses de sus colegios que van también velozmente para llegar a tiempo a clases y enseñar con rapidez mucha información que no siempre se convierte en conocimiento, y que posiblemente tendrá que ser aprendido con prontitud para tener la capacidad de competir en un mundo alocado que nunca se detiene.

Sin duda, el éxito de las cadenas de comidas rápidas no siempre es por su buen servicio o por la calidad de sus productos, sino por la rapidez con la que hemos aprendido a vivir. ¿Qué importa cómo se esté usted alimentando? Lo esencial es llegar a tiempo a esa cita que le asegure no perder su empleo, así gane unos kilos más de grasa, aumente sus niveles de colesterol o produzca en su estómago una gran acidez; qué interesa, si en la noche podrá tomarse un antiácido antes de dormir, y ya mañana será otro día igual; y eso ya para muchos, es vivir.

Posiblemente usted alguna vez en los últimos años ha sido uno de estos protagonistas y el precio que está pagando es tan alto que seguramente mientras lee este libro, se debe estar tomando la pastilla para los nervios, la gastritis o la depresión.

Por supuesto que al pertenecer al mundo moderno debemos repetir constantemente estas escenas, porque aislarnos de él sería tan peligroso como perder el sentido de nuestras acciones. Cada día conducimos nuestra vida a mayor velocidad, y vemos cómo por nuestro lado pasan desapercibidos los grandes detalles que parecen pequeños e insignificantes.

Cuando la velocidad de la vida se reduce por su obligatoria condición humana, es cuando decimos que "nuestros hijos se crecieron y no nos dimos cuenta" o quizá, que "la vida pasa tan rápido que uno se vuelve viejo de la noche a la mañana".

Parte de la esencia de la humanidad está contenida en dos elementos de profunda trascendencia: el significado y la emoción. La Psicología moderna les ha querido llamar pensamientos y sentimientos o, en otras ocasiones, inteligencia y emoción. No importa en realidad cómo se les denomine; a través de los siglos, desde los más antiguos filósofos, teólogos y grandes escritores preocupados por la esencia humana, la razón o el significado y el sentimiento o la emoción, han ido conformando el tejido profundo de la existencia del hombre en su caminar diario hacia una vida superior y próspera, llena de éxitos y profunda voluntad, hacia el abandono de una existencia mediocre y sin color.

El poder que brindan al ser humano el significado y la emoción le llevan a trascender a tal punto, que sus esfuerzos diarios sean incansables y su capacidad de inspirar a otros logre avivar sus corazones, desatando en ellos un deseo nuevo por hallar mejores opciones para su vida; sin embargo, también la pérdida del significado y la emoción, conducen al ser humano al cansancio, al desaliento del espíritu y muchas veces a la misma muerte, causada por la desesperanza y el abandono de la fuerza interior, la pérdida de la voluntad y la dicha.

La fuerza interior del ser humano se sostiene de estos dos poderosos impulsos que conforman la esencia del espíritu, y ninguna persona que aspire a conquistar su vida y llevarla hacia las más empinadas cumbres de la realización personal, tendrá la capacidad de lograrlo si desgarra uno de estos dos tejidos que se entretejen en lo más profundo de su interior.

En otras palabras, usted jamás llegará a disfrutar de un verdadero éxito, si este triunfo no logra expandirlo hacia un mundo habitado por la bondad, el amor y el servicio, porque la palabra "éxito" desde su propia etimología *exire* significa precisamente, avanzar, salir, lograr una nueva posición.

Es fácil ver cuando uno de estos dos elementos falta en la existencia humana; sólo con escuchar a alguien hablar y con lo que proyecta en sus palabras y en sus actos, no es difícil identificar al típico espíritu humano hecho trizas, desmoralizado, sometido, esclavizado y dispuesto a abandonar la vida misma.

Pero también, es posible encontrar personas a las cuales el significado y la emoción les colman hasta sus entrañas. Su vida inspira, son ejemplo, modifican incluso las viejas creencias de la humanidad, y convierten las murallas de su mente y de su corazón en alas y en oportunidades para escalar y trascender dignamente a través de su existencia; dejan huella y marcan para siempre con su presencia en la existencia de los demás, como lo menciona Henry W. Longfellow: "La vida de todos los grandes hombres nos recuerda que podemos hacer de la nuestra algo sublime". [2]

Cuando nuestra vida se colma de sentido y emoción, sin duda, la gracia y el júbilo desbordante, la pasión y la emoción, la voluntad y el entusiasmo nos llenan casi de manera inexplicable y la vida deja de ser un simple camino, para convertirse en una permanente conquista.

Algún día escuchando una entrevista que le hacían a la madre Teresa, le preguntó el periodista cuáles eran las condiciones que una persona debería poseer para aspirar a trabajar con ella en su comunidad. La madre Teresa, con su acostumbrada sonrisa, sólo respondió: "Las únicas condiciones son el amor profundo hacia los que sufren, el deseo de trabajar de forma incansable y una actitud colmada de alegría". En otras palabras: amor, voluntad y entusiasmo.

Mire a su alrededor. Por donde usted camine, las malas noticias abundan para llenar los noticieros de información destructiva que a su vez llena los corazones de desesperanza y tragedia. La música moderna en varias ocasiones pide a gritos que los jóvenes se rebelen contra los principios universales, promueven el libertinaje, la sexualidad sin responsabilidad y la violencia; adiós a Dios y bienvenido todo lo que venga, que sea fácil y desechable.

¿Qué importa lo duradero? ¿Para qué una relación que asegure futuro? ¿Qué necesidad hay de establecer algo sólido si lo único valioso es vivir el momento? Vivir el momento sin

---

2. Longfellow: Poeta estadounidense que figura entre los más populares y celebrados de su época. Nació el 27 de febrero de 1807, en Portland (Maine), y estudió en el Bowdoin College. Mientras se preparaba para dedicarse a la enseñanza viajó por Europa. Dio clases de lenguas modernas en Bowdoin (1829-1835) y en la Universidad de Harvard (1835-1854).

construir, es otra manera de morir en ese mismo instante, corto, sin destino, sin sentido, sin nada que le dé otra razón al ser humano más allá que "pasar el tiempo", porque para muchos, "como la vida mañana se termina", es más digno esperar su final sentados, así la vergüenza azote sin piedad su ser.

Esta forma de vida ha sido la principal causante de ir debilitando la voluntad humana, porque las cosas fáciles por supuesto que no exigen nada de ella: a la voluntad se le educa es con los esfuerzos diarios, muchos de los cuales no son tan agradables como quisiéramos. Vivir el momento, como si de eso se tratara la vida. Se ha sabido confundir esta expresión de "vivir el momento" con "aléjate de la responsabilidad de prepararte para un mañana que seguramente vendrá".

Desde luego, podría no venir, podría ser tan sólo una ilusión humana, pero igual, ¿podría tener su vida un significado emocionante si ésta se desprendiera radicalmente de un ideal que le convierta en un mejor ser humano? ¿Sería verdaderamente gratificante para usted reconocerse sólo como un hecho aislado del universo que no se detiene? ¿Le produce acaso mucha emoción pensar ahora, que todo lo que le espera es morir y que es ahí en donde usted termina su existencia? Si las aves pensaran como estas personas quizá su canto sería muy triste y sin sentido; por fortuna no hay conciencia en ellas, porque si existiera, las aves vivirían muy aburridas, y en lugar de cantar llorarían todas las mañanas en sus nidos.

Los significados de los principios morales no están en juego. Ni usted ni yo debemos siquiera atrevernos a reformar su condición universal, y sólo nos queda voltear a mirar con madurez, cómo los estamos llevando a la práctica en el latido de nuestra vida diaria.

Lejos está para muchos, reconocer el éxito verdadero como el logro de la misión humana para la cual hemos sido creados, además de los logros materiales de la vida diaria, que sin duda, también tienen inmenso valor y han sido puestos para nuestro servicio y gozo.

Siempre que tengo la oportunidad de hablar de estos temas en mis conferencias, algunas personas se preguntan si son temas exclusivos para filósofos, esotéricos, religiosos, moralistas o ingenuos. Usted sabrá juzgar al final si se atreve a acompañarme por estas páginas llenas de preguntas decisivas que yo mismo me he tenido que hacer y que hoy, con usted me atrevo a compartir. Sólo pretendo hablarles a las mujeres y a los hombres actuales que se han alejado con mucha frecuencia de la reflexión y el cuestionamiento.

Nuestro mundo actual ofrece nuevas alternativas: medicinas, sistemas de comunicación, estilos de relaciones o modelos de inversión, pero jamás usted ni yo podremos abandonar los espacios humanos de la moral. De los conmovedores estados por los que el mundo moderno atraviesa, muchos de ellos son problemas profundos de moral, de la pérdida absoluta de las normas que conducen la vida del ser humano, y de la falta de conciencia sobre la importancia de "pensar claramente" acerca del "ser" y del "actuar"; o en otras palabras, sobre su carácter y su conducta.

¿Liderazgo entonces? Si quiere darle un nombre, llámelo liderazgo, entendiéndolo como un valor humano que pretende desarrollar la capacidad de autogobernarnos y conducirnos hacia el mejoramiento personal, fortaleciendo el espíritu humano y dirigiéndolo con magnificencia a través de su existencia.

Si no desea llamarlo así, olvídese de nombres, disciplinas o títulos y simplemente sumérjase en las reflexiones que le iré planteando. Uno de los principales problemas al incursionar por estos territorios del desarrollo humano, del autogobierno y del éxito como función, no como opción para nuestra vida, es la imperiosa necesidad de definir el tema en una materia específica. Si le digo que es religioso, usted pensaría que eso no le atañe o posiblemente que sus creencias ya están firmemente consolidadas; si le explico que es motivación, usted pensaría que ya ha visto muchos temas al respecto y que su vida nunca cambió, o quizá considere la motivación como un movimiento de moda que ha fracasado. Si le propongo que lo vea desde la perspectiva filosófica: ¿Cómo hacerlo si no soy filósofo? Aunque si la palabra "filosofía" significa *el mismo amor por el conocimiento* quizás entonces todos los seres humanos al menos una vez en nuestra vida deberíamos refugiarnos en ese "amor" por nuestro propio bien, para entender por qué es vital la grandeza de autogobernarnos y tomar de una vez por todas y para siempre, profunda conciencia de que todo lo que somos es consecuencia de lo que pensamos, de cómo nos sentimos y de cómo actuamos.

Pero usted escoja, elija en dónde se siente mejor y dirija su mente hacia donde mejor logre comprender el significado de cada tema, porque sé que su mente y su corazón sabrán ubicarlo en donde usted necesita estar en este momento de su propia historia.

Lo básico parece querer ser complejo, lo bueno parece ser lo malo y poco a poco nos confundimos más y perdemos el camino de lo esencial, lo que le brinda valor a nuestras acciones y relaciones cotidianas, y al final, únicamente terminamos preguntándonos qué hemos hecho y cómo hemos vivido.

Seguramente usted desea lograr hoy cambios profundos; entonces no se preocupe si este tema es exitología, filosofía, motivación o reflexión y tan sólo si usted así lo desea, conviértalo en acción.

Ser rebelde está de moda, pero se confunde la rebeldía con la irresponsabilidad y con pretender vivir "livianamente", sin compromisos, sin relaciones de fondo, sin pensar en el destino de la misma humanidad y muchas veces con una voluntad destrozada. Ser rebelde nada tiene que ver con ir en contra de la verdad y los valores. La rebeldía es tener el coraje de no seguir como un cordero al rebaño que nos lanza al abismo. La rebeldía es negarse a cantar lo que no se siente, a actuar en contra de lo que la conciencia nos dicta y el corazón nos inspira. La rebeldía es una condición del espíritu maduro que se abre y se ofrece a una vida diferente, moralmente distinta, interiormente más poderosa, capaz de gritar con toda su fuerza un *no* rotundo al dominio y a la pérdida del valor, la razón y el significado, recuperando así el poder que tenemos en la fuerza de nuestra voluntad.

Necesitamos verdaderos jóvenes rebeldes que sean capaces de escupir a tiempo las pastillas que algunos de sus llamados héroes colocan en su boca. Necesitamos hombres y mujeres rebeldes, que quieran levantar su mano y decir: "Yo no estoy de acuerdo". Necesitamos una raza humana rebelde ante la miseria y la frialdad por el dolor de los demás. Una raza humana moralmente más fuerte que se proyecte desde su propio interior más prósperamente y que sepa descubrir su razón, su propio sentido.

Necesitamos hombres y mujeres que exalten nuestra existencia y que de una vez por todas se lancen a conquistar mundos en donde la grandeza gobierna y nada más existan los seres humanos colmados de coraje, decisión y voluntad para vivir mejor; personas que gobiernen su destino y que decidan dar un paso al frente, alejándose de una vida plana, pronunciando en sus palabras solamente himnos de triunfo, conquista y trascendencia. Esa es la primera gran misión que tenemos, ese es nuestro primer motivo para existir.

La prensa llena sus páginas de tragedia y hasta los indicadores del tiempo advierten sobre las posibles tempestades que azotarán la Tierra y la acabarán en un día exacto según los "sanos" pronósticos de un hombre o una mujer atrevidos, que se hacen llamar "maestros".

Ni usted ni yo lograremos hacer nada para que estas situaciones desgraciadas para la humanidad cambien, pero sí contamos con la habilidad para encontrar el sentido y la emoción por aquellas cosas que hacen parte de nuestra vida hoy y que harán parte de ella mañana, porque el futuro existe y la prueba está en que usted anoche se acostó y hoy ya está viviendo en el futuro que pensó que un día vendría.

La adversidad hace parte de la vida, y han sido muchas las personas que en carne viva han tenido que aferrarse con dureza de su voluntad para no morir en las garras del desaliento. ¿Qué piensa usted, por ejemplo, cuando un hombre por defender sus ideas es encarcelado durante veintisiete años y cuando el 10 de febrero de 1990 recupera su libertad, sus ideas salen con él tan fortalecidas como su voluntad? Nelson Mandela, es un ejemplo de cómo, ante una verdadera adversidad, entendió que sólo manteniendo el sentido de sus creencias podría, no sólo ser el dueño de su destino, sino un ejemplo de perseverancia y fe absolutas. ¿Tenía razones para morir? Quizá todas. ¿Y razones para vivir? Posiblemente una sola: las mismas ideas que lo condenaron. Autogobierno pleno, aislamiento de las masas y capacidad de ver más allá de su tragedia un mundo bueno en donde aún es factible confiar en la raza humana.

Este es un ejemplo quizá llevado al extremo y que seguramente usted no lo tendrá que vivir; pero ¿cuántas veces ante adversidades menores, el espíritu se quiebra en pedazos, abandonando su fuerza y debilitando la misma voluntad hasta el punto de dejar huérfanas de futuro a miles de personas que únicamente se contentan con "sobrevivir" como una gran proeza? Muchas personas no han logrado entender que las mayores tragedias del ser humano no son solamente las crueles batallas que día a día se desatan en todo el mundo, sino también los desiertos baldíos del alma de quienes han venido al mundo a ser exclusivamente lamento, pereza, mediocridad y sueños sin acción.

La vida misma está hecha de dicha y quebranto, y esta mezcla es la que hace que el ser humano se haga merecedor de vivir con orgullo, con dignidad y con razones suficientes para decir que su existencia ha ido más allá de comer y dormir, y bueno, en muchos casos, de enseñar a sus hijos que la vida es cruel, dura e injusta. Luego estos padres derrotados no podrán mirar a los ojos de sus hijos para decirles que viven así, porque a ellos les faltó coraje, valor y voluntad para avanzar hacia mejores destinos.

"Un hombre cansado de su forma de vivir, lleno de afanes y frustraciones, aunque veía crecer su negocio, un día se reunió con un maestro que recién llegaba del Tibet. El hombre le manifestó al monje que sentía una ausencia total de dicha, pero que para él no era posible abandonar su negocio e internarse en un monasterio. El monje le miró extrañado y con una voz suave que penetró para siempre en su corazón le dijo: "Querido amigo, no cierres tu negocio ni abandones tu mundo, sencillamente procura internarte en el templo de tu voluntad porque desde allí podrás disfrutar de la verdadera dicha que gobierna tu vida".

Muchos hemos abandonado tantas veces nuestro templo y nos hemos condenado nosotros mismos a vivir de una manera tan plana, que el aburrimiento se está convirtiendo en una enfermedad de la especie humana, en donde la gente cada día se duele más de vivir, y se aleja más de alcanzar sus sueños, perdiendo la fuerza poderosa que el alma le imprime al ser humano cuando éste tiene sentido por lo que hace.

Seguramente usted ha escuchado cantar alguna vez a Andrea Bocelli. Un hombre que a los doce años cuando disfrutaba de su deporte favorito, el fútbol, recibió un fuerte golpe con el balón en uno de sus ojos produciéndole una hemorragia que los médicos no pudieron controlar. El joven lleno de sueños quedó ciego para siempre. Su pasión musical lo llevó a estudiar el piano y a tocar en varios lugares en las noches bohemias de Pisa, con lo que se pagaba su carrera de Derecho. Un día, en 1992, cuando ya estaba cansado de trabajar como abogado, Bocelli participó en un concurso que buscaba una voz especial para cantar con una estrella de rock italiano llamado Zucchero, quien estaba empeñado en contratar a Luciano Pavarotti. Luego de las pruebas, Pavarotti escuchó al desconocido Bocelli, y profundamente conmovido por su voz, nacida de su amor por la música y las enseñanzas del gran maestro Franco Corelli, le dijo a Zucchero: "No hay quien lo haga mejor que Boccelli, no sólo es su voz sino el alma que tiene para cantar". Ahí comenzó el nuevo destino de este hombre que jamás perdió la visión, a pesar de no ver lo que tanto amaba y por lo que tanto se había preparado.

Charles R Swindoll[3] en su libro *Sonríe otra vez*, menciona que existen tres saqueadores de esa alegría que nos alejan casi sin darnos cuenta del camino que conduce al éxito y la realización personal, enterrando nuestra voluntad en lo más recóndito de nuestro interior. Él afirma que: "El primer saqueador del gozo es la preocupación", que no es otra cosa que una ansiedad excesiva por algo que puede suceder o no, pero que de alguna manera siempre pareciera que lo estamos esperando; la preocupación devora el gozo como un ácido que corroe poco a poco mientras esperamos los resultados.

El segundo saqueador del gozo, o a lo que también podemos llamar el significado y la emoción, es la tensión. Swindoll habla de esta como un estado más agudo de la preocupación, generando una presión fatigante con respecto a algo que no estamos en posibilidad de cambiar o controlar.

Finalmente, el tercer saqueador del gozo es el miedo, que es diferente a la preocupación y a la tensión. El miedo es una espantosa zozobra por la aparición del peligro, la desgracia y el dolor. Como los otros dos enemigos del espíritu humano, el

---

3. Swindoll: Canciller del Seminario Teológico de Dallas y anfitrión del programa sindicado internacionalmente Insight for Living. Ha escrito más de treinta éxitos de librería, entre los cuales están: *Pásame otro ladrillo, Desafío a servir y ¿Por qué, Dios?*

miedo usualmente hace que las cosas parezcan peores de lo que en realidad son, llevándonos a los peligrosos estados de parálisis, evitando que tomemos acción y control sobre nuestros actos y al final sobre nuestra propia vida. Es un estado en donde la voluntad agoniza, pero si enfrentamos estos tres enemigos de la condición humana, de alguna manera será como iniciar un camino sin tanto equipaje.

En el cuento de *La Ventana* escrito por G.W. Target, se manifiesta de forma clara lo que el significado y la emoción llegan a producir en los seres humanos, y cómo, su efecto logra llevarnos a ver las cosas desde un punto más profundo.

Dos hombres, ambos gravemente enfermos, ocupaban la misma habitación en un hospital. A uno le permitían sentarse en su cama durante una hora cada tarde para ayudarlo a drenar el líquido de sus pulmones. Su cama estaba situada al lado de la única ventana que tenía la habitación, mientras que el otro hombre tenía que pasarse todo el tiempo boca arriba en su cama.

Cada tarde, cuando el hombre que se encontraba junto a la ventana solía sentarse, comenzaba a describirle a su compañero todo aquello que veía del otro lado de la ventana. El hombre de la otra cama comenzó a esperar con ansiedad todas las tardes para escuchar lo que su compañero le relataba.

"La ventana da a un parque con un hermoso lago", —le decía su compañero— "y en el agua juegan los patos y cisnes, mientras los niños disfrutan felices. Las parejas de enamorados pasean tomadas del brazo y las flores son de muchos colores".

Una tarde, un pensamiento extraño apareció en la cabeza del hombre que debía permanecer acostado y se preguntó: "¿Por qué él tiene la suerte de ver lo que yo no puedo? ¡Qué injusticia!" Mientras su idea se hacía más fuerte, su compañero seguía todas las tardes relatándole historias que llenaban su cabeza de imágenes preciosas, colmándole de emoción esas horas del atardecer.

Una noche, el hombre que estaba junto a la ventana comenzó a toser. Se estaba ahogando con el líquido de sus pulmones. Intentó con angustia oprimir el botón de emergencia, pero su ataque de tos le impedía alcanzarlo. Escuchando desde el otro lado de la habitación, su compañero no se movió y ni siquiera activó su timbre para llamar a la enfermera de turno.

En pocos minutos, el hombre que le había deleitado tantas veces con las historias que veía desde la ventana, se quedó en total silencio, para siempre.

A la mañana siguiente cuando las enfermeras entraron a la habitación lamentaron mucho la muerte del hombre, mientras su vecino simulaba estar dormido. Antes del medio día, el hombre pidió que lo trasladaran a la cama junto a la ventana. Lentamente fue trasladado y luego de dejarlo cómodamente instalado, las enfermeras salieron de la habitación. El hombre se levantó con gran dificultad para mirar por la ventana, pero quedó profundamente impactado cuando lo único que vio en la distancia fue un muro de concreto que daba a un patio en donde sólo se guardaban elementos viejos que ya no se usaban en el hospital.

Sin duda, este relato nos muestra hasta dónde puede llevarnos el significado y la emoción y cómo, para el hombre que murió, su vida tenía tanto sentido que lograba imaginar las escenas más bellas que le llenaban de gozo, mientras que para su compañero, el significado y la emoción fueron contrarios y destructivos, al punto de ser capaz de dejar morir a quien, durante tanto tiempo le colmó de ilusión. El significado y la emoción son positivos o negativos en el ser humano, y ello determina su propio destino.

Posiblemente usted no ha tenido el tiempo para preguntarse cuáles son las verdaderas razones que mueven su existencia. Quizá muy superficialmente ha visto que son sus hijos, sus padres, su pareja, Dios o usted mismo, pero esto no es suficiente.

Descubrir los elementos que componen el sentido y la emoción, le harán ver con mayor claridad su razón, su verdadero motivo, y entonces agradecerá todo lo que posee y sabrá por fin cuidar con profunda conciencia estos dos componentes humanos que le darán dirección y fuerza, trascendencia y crecimiento y así, su voluntad se fortalecerá y el éxito que tanto busca, comenzará a ser una realidad y todos sus proyectos sanos vendrán a ser parte de su verdad y de su historia, para siempre.

Usted tendrá así que reconocer que cada momento cuenta para construir, finalmente, el propósito mayor que le dará valor profundo a su existencia. A veces pasamos incluso años enteros concentrados en cómo encontrar el éxito, la libertad financiera o el mayor tiempo posible para pasar con nuestra familia, y cuando volteamos a mirar nuestro reloj, el tiempo ha terminado porque jamás fuimos capaces de actuar.

Un hombre que se había extraviado en el desierto estaba a punto de morir de sed. De repente, en la distancia vio aparecer una caravana de hombres que al verlo se acercaron a él y con profunda lástima se apresuraron para ofrecerle agua. Uno de ellos, antes de darle de beber, preguntó a sus amigos si era mejor servírsela en una copa de cristal o en una de sus viejas vasijas. Luego, con la misma duda, preguntó a sus amigos si mejor sería servirle el agua al hombre que ya casi moría, en un recipiente de oro o en uno de plata; sus amigos mientras tanto discutían cuál de las opciones sería la mejor para que el hombre bebiera. Por fin, uno de ellos se decidió y propuso que se la sirvieran en una de las viejas cantimploras elaboradas con la misma piel de los camellos. Cuando desta-

paron el recipiente y fueron a brindarle el agua al moribun-
do, este ya había muerto de sed.

Este es un cuento que perfectamente se acomoda a muchas de nuestras situaciones, en donde el significado de algunas cosas más valiosas que otras, se confunde y cuando ya
queremos actuar es muy tarde; por ello, es el momento de saber diferenciar entre lo verdaderamente esencial y lo trivial en
su vida.

Las buenas intenciones no serán suficientes si usted no
logra ordenar y clasificar las prioridades que tendrá que respetar, porque al final descubrirá que su vida en realidad ha
podido ser un agujero abierto por los placeres temporales que
han desocupado ese espacio en donde habita la voluntad y en
donde la fuerza de la determinación se templa.

Vivir ya es un reto, y para afrontarlo con la grandeza que exige,
nuestro carácter será la piedra poderosa sobre la que depositare-
mos nuestras acciones y en la cual nuestra determinación se forje
y fortalezca, comprendiendo que la voluntad humana tendrá que
atravesar los desafíos de la vida enlazada con la tenacidad del carácter, que es la misma estructura del "ser" humano, construido
sobre bases morales y claros esquemas de ética.

Siempre habrá un momento en cada persona para reconocer que existe una profunda diferencia entre la potencia de
la voluntad frente al arrebato de las pasiones. La primera, nos
conducirá hacia un futuro para trascender, mientras que el segundo nos distraerá de nuestros propósitos mayores.

Capítulo Dos

Una vida colmada de razones

La voluntad con un sentido

El significado y la emoción

Cuando la vida late sin significado pierde valor y el ser humano se extingue en la existencia misma del universo; sus acciones sin emoción son un lamentable acto desventurado que únicamente puede verse con ojos de tragedia. Sólo quienes se atreven a encontrarle significado y emoción a sus actos, serán auténticos y libres para gobernar su destino.

Tengo la esperanza alentadora de que así como yo, muchas personas se nieguen a creer que la existencia humana es nada más un cúmulo de situaciones incontroladas que el ser humano tiene que vivir. Hay muchos que siguen como religión el frío análisis de la vida de hombres como Bertrand Rusell, quien de manera categórica afirmó: "El universo está ahí, simplemente, y eso es todo". [4]

Si esta fuera la verdad absoluta sobre su existencia y la mía, creo que no tendría sentido alguno continuar escribiendo este libro o seguirlo leyendo, en su caso; en otras palabras, ni siquiera deberíamos pensar que detrás de las montañas mañana aparecerá de nuevo el sol.

No voy a negarle que la vida no es siempre esa obra romántica de las películas filmadas en Verona, pero tampoco es un drama shakesperiano. No me cabe la menor duda de que muchas veces es necesario tomarnos muy en serio la trascendencia de nuestra vida para poder hallarle sentido y emoción a nuestras victorias y derrotas, que también aparecen muchas veces sin contemplación alguna.

---

4. Bertrand Russell fue uno de los más distinguidos filósofos y matemáticos del siglo XX. Escribió sobre una amplia gama de temas, desde los fundamentos de las matemáticas y la teoría de la relatividad, al matrimonio, los derechos de las mujeres y el pacifismo. La vida de Russell fue apasionada, intensa y larga y se fraguó un nombre, tanto en los círculos de especialistas como entre las multitudes que, o lo seguían con fervor o lo odiaban con intensidad.

Durante la historia de la humanidad, pero muy especialmente en los últimos tiempos, el ser humano ha caído en estados de descontento que incluso han anulado la presencia de Dios frente a la misma naturaleza, como en el caso de Spinoza, el filósofo holandés del siglo diecisiete quien afirmaba: "Dios o la naturaleza" y así, poco a poco la humanidad se ha ido dejando arrastrar por el sinsentido, quitándole valor a los actos trascendentales que le dan brillo a la existencia y cayendo en los abismos del aburrimiento y la desolación, como las peores enfermedades del espíritu humano.

Cuando sea necesario, el hombre requiere inclinar su mirada hacia el sentido de su existencia, porque incluso el mayor de sus éxitos, o no será reconocido, o no será disfrutado intensamente. No sé cuánto esté usted buscando el añorado éxito, pero recuerde que nunca sabrá si ya lo ha logrado mientras su existencia carezca de razones profundas.

Las conquistas, en cualquiera de los campos que usted se proponga, seguramente están acompañadas de la desdicha, porque la realización humana no se da estrictamente por desearlo. Por el simple hecho de que usted decida de una vez por todas ser auténticamente libre de sus pesadas cargas personales o merecidamente exitoso, ya comienza a correr el riesgo natural de equivocarse, perder, sufrir las adversidades que sólo los grandes han sabido afrontar para estar ahí, en las cúpulas más altas de la historia. La grandeza humana se enteteje todos los días, paso a paso y muchas veces va acompañada de sacrificios personales que nos acercan al sentido más íntimo de nuestra vida.

Muchas personas salen corriendo en busca de la felicidad barata que con frecuencia ignoran en donde se encuentra. Mientras el ser humano no sepa reconocer el motivo más profundo que le inspira a tomar ese aliento para soportar esa carrera, cuando crea tener esa felicidad entre sus manos, como agua se le escapará dejándole un vacío existencial profundo.

Muchos padres añoran que sus hijos, antes que sean médicos o ingenieros, sean felices. Entonces, estos niños crecen claramente dirigidos tras un propósito digno del ser humano: "Hacer lo que sea, pero ser ante todo felices". Pareciera que la felicidad habitara en otro mundo, porque como misión humana para muchos suena casi inalcanzable. La felicidad puede llegar a estar en el mismo capullo en donde habita el significado de sus acciones, y entonces su vida estará colmada de grandes emociones y de profunda trascendencia y el poder de su voluntad comenzará a dirigirlo hacia el destino que se merece.

¿Será por ello que el aburrimiento se apodera cada día más del ser humano cuando "rompe" con la relación entre sus actos y sus razones? Cuando la vida late sin significado pierde valor, y entonces, el ser humano se extingue en la existencia misma del universo; sus acciones sin emoción son un lamentable acto desventurado que exclusivamente puede verse con ojos de tragedia. Sólo quienes se atreven a encontrarle significado y emoción a sus actos, serán auténticos y libres, y gobernarán su destino.

La vida del ser humano se colma de sentido cuando tiene retos, misiones por cumplir y nobles propósitos que la engrandecen y le dan al individuo fuerza para dirigirse por nuevos caminos que le colmen de orgullo, templando las fibras más íntimas de su existencia.

El significado

El significado colma nuestra vida desde un punto de vista enteramente interno y fortalece la fuerza profunda de la voluntad para dirigirnos hacia mejores destinos. El significado empuja al ser humano a tomar decisiones que quizá jamás hubiera tomado si no se lanza, si no se atreve, si no entra por fin a comprender que la mente miserable se hace dueña del ser humano, porque él mismo se lo permite.

Habrá visto usted a muchas personas que incluso sin poseer grandes fortunas o muchas comodidades parecieran disfrutar intensamente de su vida. El significado o lo que también podemos llamar la esencia, es el fuego interno que mueve la voluntad humana hacia un lugar llamado futuro.

Cuando el hombre descubre el verdadero significado de sus actos o sus propósitos, los instantes cortos que la vida trae colmados de dicha, se aprovechan mucho más que cuando sólo sabemos que tenemos cosas buenas pero que hemos vivido sin reconocerlas. Suelo preguntar en mis conferencias, cuál es el mayor motivo para sentir deseos profundos de vivir. Muchos me dicen que sus hijos, otros, que sus empresas, y algunos más, en menor cantidad, me dicen que ellos mismos. Luego les pregunto si de verdad día a día están reconociendo el verdadero valor que, por ejemplo, tienen sus hijos. Algunas personas no soportan y sueltan el llanto. Recuerdo hace un par de meses que un hombre no resistió que yo tocara el tema y abandonó el salón en donde daba mi conferencia; media hora después regresó y se sentó de nuevo en la silla en donde se encontraba. Al terminar mi presentación se me acercó, yo le pregunté por qué había salido del salón por tanto tiempo y él me respondió que no había podido soportar los deseos de llorar porque hacía un año que no hablaba con sus dos hijos pues estaba disgustado con ellos y había decidido salir a llamarlos.

Un año sin hablar con sus hijos es, de verdad, una desventura para el espíritu humano. Dos poderes se mezclan en este hombre: el significado y la emoción.

He conocido a muchas personas que andan desesperadas intentando encontrar su éxito financiero o profesional a través de la fortaleza de su voluntad, pero no han entendido el significado profundo por el cual desean realmente alcanzar su meta y entonces sus actos, sus esfuerzos y sacrificios se convierten en una pena que tarde o temprano los llevará al desaliento, al abandono y al fracaso.

Victor Frank, el gran psiquiatra nacido en Viena el 26 de marzo de1905, quien fue un sobresaliente profesor de Neurología y Psiquiatría en las universidades de Viena, Harvard y Stanford, y creador de la Logoterapia o terapia del alma[5] logró, no solamente sobrevivir en el campo de concentración de Auschwits, sino que también consiguió evitar que muchas personas se suicidaran allí, al haber perdido la razón de su vida por completo. Frank demostró que el ser humano siempre que pierde el significado de sus actos, pierde también la razón para enfrentar la vida, y su emoción y entusiasmo por vivir se desvanecen incluso hasta desear con locura incontrolada la muerte. Él mismo, al perder a su familia completamente, logró recuperar su razón interna de vida y se enfrentó al dolor de tal forma que lo hizo su aliado para cumplir su sueño de ayudar a otros que ya estaban resignados a morir.

En su bestseller: *El hombre en busca de sentido*, el Dr. Frank afirma en uno de sus capítulos:

"Lo que de verdad necesitamos es un cambio radical en nuestra actitud hacia la vida —refiriéndose a sus compañeros presos en el campo de concentración nazi más tenebroso—. Tenemos que aprender por nosotros mismos, y después enseñar a los más desesperados, que en realidad lo importante no es que no esperemos nada más en la vida, sino si la vida espera algo de nosotros.[6]

Tenemos que dejar de hacernos preguntas sobre el significado de la vida, y en vez de ello, pensar en nosotros como seres a quienes la vida les examina continua e incesantemente. Nuestra contestación tiene que estar hecha, no de palabras ni tampoco de meditación, sino de una conducta y una ac-

---

5. La Logoterapia es la Tercera Escuela Vienesa de Psicoterapia y se centra en el significado de la existencia humana, así como en la búsqueda de dicho sentido por parte del hombre. La primera escuela psicológica es el Psicoanálisis de Sigmund Freud y la segunda es la Psicología individual de A. Adler. De acuerdo con la Logoterapia, la primera fuerza motivante del hombre es la lucha por encontrarle sentido a la propia vida, a la vida tal cual es, y toda vida por adversa que sea, siempre tiene algún sentido.

6. Frankl, Viktor E. *El hombre en busca de sentido*, Duodécima Edición, Barcelona, Editorial Herder, 1991.

tuación rectas. En última instancia, vivir significa asumir la responsabilidad de encontrar la respuesta correcta a los problemas que ello plantea y cumplir las tareas que la vida asigna continuamente a cada individuo".

Es, sin duda, el principal reto que el ser humano debe enfrentar a lo largo de su existencia: actuar a pesar de las dificultades y ponerse en marcha para no dejar apagar la chispa del entusiasmo, ese frenesí que templa el nervio de la vida.

El filosofo alemán, Nietzsche, resume el poder del significado cuando dice que *quien tiene un porqué para vivir soporta casi cualquier cómo hacerlo.*

Muchas veces deambulamos por la vida repitiendo actos de manera inconsciente, frases trajinadas, ideas trilladas de otros que las hacemos nuestras, y nos convertimos en perfectos esclavos de terceros, sin identidad y sin sentido.

Si lo recuerda, mucha de la información que ha recibido en su vida, ha sido dada por personas que han querido que usted se convierta en un perfecto borrego. "Repita conmigo", parece ser la frase preferida de los verdugos del pensamiento del desarrollo y la libertad humana, sembrando así la debilidad en la voluntad de las personas.

Cuando yo tenía doce años, en el primer día de clase me encontré con un profesor al que hoy no sabría llamar maestro de nada, y quien por no guardar yo absoluto silencio en el momento en que llego él, me pidió que pasara al frente de todos los alumnos de la clase y obligándome a escribir mi nombre en la pizarra, creo que unas cincuenta veces, me pidió que repitiera la siguiente frase: "Yo soy su director de grupo y dicto dos materias".

Hoy creo que el problema fue para él, quien por la repetición de mi nombre aún pienso que me sigue recordando, mientras que yo olvidé el suyo y perdoné su increíble deseo de venganza en contra de la humanidad.

Así andamos muchas veces por la vida, viviendo lo que para otros es su razón y para nosotros no tiene ningún *sentido*. Aprendimos de memoria muchas de las normas, sin preguntarnos para qué nos servían en realidad. Tan sólo, luego de "estrellarnos muchas veces contra ellas" les encontramos sentido.

La educación, aún en muchas escuelas y en muchos casos, ha abandonado la manera de enseñar al hombre, porque para los nuevos tiempos, tan difíciles, ésta debe estar más orientada a mostrar las razones, la esencia y cuestionamiento, más allá de llenar las mentes de información repetida y muchas veces desarticulada con la realidad que hoy el ser humano tiene que vivir. En muchos colegios aún se obliga a aprender de memoria sin ir más allá, sin explorar las razones, los "por qué", los significados.

Preocúpese usted cuando vea a sus hijos repitiendo perfectamente la lección, sin saber los verdaderos aspectos de fondo de lo que están repitiendo; preocúpese de verdad, porque su hijo ya ha caído en el sinsentido y se ha convertido en una ficha más del régimen que enseña sólo a memorizar y no a debatir, a explorar, a reflexionar y a concluir, para producir verdaderos cambios desde muy adentro en la moral de las personas, en sus hábitos y en su carácter.

De esta forma, estos sistemas falsean la mente humana, convirtiéndola en un verdadero aparato que no piensa y operando en seres humanos que no les importa si son o no mejores, viviendo una ficción todos los días, hasta que algunos descubren por fin que están vacíos por dentro.

Creo que una de las causas que más genera la tristeza en el espíritu del hombre es descubrir que los años en los que debió ser más feliz aprendiendo, fueron los años más perdidos de su vida. La educación es el camino que abre las puertas a la libertad, pero una educación fundamentada en barreras retrógradas enseñada por hombres igualmente retrógrados, jamás podrá darle alas al espíritu ni a la conciencia. Henry Brougham expresó un hermoso pensamiento sobre la educación, que hoy quiero compartir con usted: "La educación hace a la persona fácil de dirigir, pero difícil de controlar; fácil para gobernar pero imposible de esclavizar".[7]

¿Para qué? Podría ser una de las preguntas de mayor importancia. Nuestros hijos, cuando entran en la edad del descubrimiento, comienzan a preguntarnos ¿Por qué? Esta es una forma de comenzar a descubrir el sentido de las cosas que suceden, y algunas veces caemos en la respuesta tirana de "no preguntes tanto, sólo hazlo". Desde ahí, comenzamos a perder el valor de preguntar algo mucho más profundo: ¿para qué? y terminamos llenos de miedo, cobardía y pérdida de sentido por lo que somos o hacemos.

Si usted les pregunta a sus hijos: "¿Para qué van a la escuela?" ¿Qué piensa que le responderían? Vamos, anímese y pregúnteles. ¿Acaso le contestarían que para encontrar mayores oportunidades gracias al conocimiento? ¿Verdad que no? Seguramente escucharía algo así como: "Porque tú me obligas", y entonces, su respuesta se tendrá que clavar como un cuchillo en su conciencia, para que despierte y reflexione de una vez por todas.

Pienso que una educación para la vida nace de prepararnos desde muy niños para hacernos y hacer preguntas; es la única manera que conozco de explorar el mundo desconocido al que vinimos un día. No es aprendiendo de memoria los textos porque el ser humano es un buscador continuo de

---

7. Lord Henry Brougham: literato, jurisconsulto y hombre de estado inglés.

respuestas, Aún así, abundan las personas que han decidido finalmente ni siquiera preguntarse a sí mismas lo que desean, lo que son y en lo que finalmente se convertirán.

El "por qué" es la razón y el "para qué" es el profundo significado de las acciones, el valor final de sus esfuerzos, la culminación de su perseverante decisión de avanzar a pesar de las inmensas dificultades que encontremos —no sólo en nuestra mente, que de hecho son las más aterradoras— sino también en los entornos en los que nos desarrollamos.

El ser humano requiere hallarle sentido a su existencia pasajera en esta tierra, o simplemente, naufragará en las aguas oscuras del sinsentido, y al final escribirá el título de su gran obra: "Morir sin haber vivido, vivir sin haber 'luchado' en las batallas que el espíritu humano necesita ganar para crecer".

Preguntarse es para valientes; callarse ante las dudas es para los temerosos de espíritu, que a pesar de desear con fervorosa pasión vivir diferente, se ocultan en las cavernas de sus viejas creencias como cuando uno se sujeta de un lazo para no ser arrastrado por la avalancha. ¿Qué mejor lugar para morir sin pena que las viejas ideas? ¿Qué mejor lugar para vivir sin aliento, que el sueño sin acción? ¿Qué mejor destino para los que se adueñan de su vida por fin, que la huella profunda que abre caminos para los demás?

En las empresas parece que la respuesta es muy común cuando uno pregunta a los empleados: "¿Para qué trabaja usted aquí?" La inmensa mayoría responde:

"Para ganar un dinero y así cubrir mis necesidades básicas". No hay duda, la retribución económica es un factor de gran importancia para el ser humano, pero entonces, si ésta es la única razón para las personas, ¿qué sentido tiene trazar misiones y visiones en las organizaciones y para qué pensar tanto en los valores que gobernarán el destino de éstas? Sería suficiente con que las empresas trazaran metas cuantificables y se olvidaran de las metas morales que se "anhelan" al hablar de las normas de conducta que se deben cumplir.

Qué mentira más grande andar por ahí diciendo que "nuestra empresa es un lugar en donde el ser humano es lo más importante" y al final de cada año, sólo se preguntan cuántas fueron las utilidades. Qué importa si para llegar a ellas algunos tuvieron que sufrir de un infarto, de una depresión o terminaron con su hogar. Qué importa si la estadística dice que "esta pequeña muestra no es representativa" y que estas personas se podrán reemplazar por otras más jóvenes o sin estos problemas de salud. Al fin de cuentas, rezan algunos que "nadie es indispensable en las empresas" y las estadísticas muestran solamente los índices de crecimiento porque al parecer no hay indicadores para los estados de tristeza y pérdida de la voluntad.

He visto a muchas empresas colgar en sus paredes sus propuestas filosóficas, pero las personas que trabajan en ellas siguen pensando que están allí exclusivamente para ganar un dinero y nada más. Lo peor de todo, es que a muchos de los altos ejecutivos, responsables de la dirección y el destino de sus empresas y de su gente, poco o nada les interesa dedicar tiempo para despertar en la conciencia de sus empleados los componentes de su cultura y generar una estampida en sus espíritus tantas veces dormidos en medio de rutinas que desencadenan la pereza y el desánimo. En muchas empresas han olvidado por completo que muchas veces los resultados son la consecuencia de la conducta de las personas, de su moral, de su profunda convicción llevada por dentro y no siempre de las aperturas del mercado, la estrategia o el crecimiento tecnológico de la competencia. Qué importa cómo se logren los resultados, lo que en realidad les interesa es demostrar qué tan eficientes son. En cualquier momento uno de sus empleados solamente desactiva su voluntad, y ya con este acto, aparentemente insignificante, los resultados serán otros para la empresa.

Así de simple y así de complejo es el significado para algunas personas y cuando éste no es claro, usted y yo podríamos desconectarnos de la esencia de la vida, que es, entre otras cosas, bastante frágil. Su significado debe ser tan claro y tan ligado a sus actos, que de lo contrario, usted tendrá que sufrir día a día la pena de ser nada más que una estupenda máquina de trabajo que se mueve porque tiene que moverse y eso es todo.

Conocí una empresa de un importante motivador que hablaba todo el tiempo del éxito y la prosperidad, de la abundancia y el respeto, y a sus empleados les pagaba hasta con un mes de atraso, mientras él disfrutaba de sus lujos. Es claro entonces que el significado de su trabajo va más allá de inspirar en las personas un mejor vivir, y su verdadero objetivo es para él, "un mayor tener".

¿Comprende usted ahora que el significado de nuestras acciones puede ser tan bueno y constructivo, como negativo y destructor? Los campos de concentración tenían un gran sentido para Hitler y sus hombres, pero para los millones de personas que allí murieron, estos lugares de muerte no tenían sentido, y al no tenerlo, su vida se perdía en los abismos oscuros de la desolación y el dolor.

Aún así, los niños que sufrieron esta barbarie no perdían la fe de que en alguno de los vagones de la muerte cargados de prisioneros podrían venir algún día sus padres a buscarles y llevarlos de nuevo a casa. Sus cuerpos escuálidos, casi como cadáveres, recuperaban una extraña fuerza cuando hablaban de esto, aunque en las noches volvían a llorar desconsoladamente al darse cuenta que un día más había pasado sin hacer realidad su sueño, y al igual que los días anteriores, tan sólo con la esperanza de verles aparecer a día siguiente con la puesta del sol, intentaban dormir las pocas horas que les quedaban antes de escuchar el silbato agudo que les alejaba de su libertad y los regresaba a su dolorosa prisión. ¿Cuántos niños murieron esperando la llegada de sus padres? ¿Cuántos tuvieron que soportar el dolor y la pena? Nunca será posible tener la cifra, pero lo único seguro es que fue la esperanza y la fuerza de su voluntad lo que a muchos los mantuvo vivos hasta el final, cualquiera que haya sido.

Por ello, debo decirle que es en los momentos más difíciles de su existencia cuando usted necesitará tener una visión alentadora de su futuro y un claro significado, porque éste le podrá dar de nuevo, dirección, reanimación, motivación y estímulo a su espíritu al borde del abismo, casi derrotado.

El significado colma la vida de las personas desde el interior y conduce la fuerza profunda de la voluntad hacia mejores destinos. Es él quien empuja al ser humano a tomar decisiones que quizá jamás hubiera tomado si no se hubiera lanzado, si no se hubiera atrevido, si no hubiera comprendido, por fin, que el espíritu se hace débil y derrotado cuando el ser humano así lo ha educado, y entonces, se hará verdad lo que decía Marcel Proust: "Si no vives como piensas, acabarás pensando como vives".[8]

Si usted logra hallar el significado por el cual vive, o esa razón que le aliente a pesar del cansancio, entonces "el miedo", uno de los "saqueadores de la felicidad" tendrá que ser derrotado. Seguramente usted alguna vez ha dado un paso al frente y ha gritado con absoluta convicción que algo cambiará en su vida para siempre y que se compromete con esfuerzo y lucha titánica a lograr sus objetivos nuevos.

---

8. Marcel Proust: Procedente de una familia acomodada, siempre se movió en ambientes refinados y aristocráticos. A los veinticinco años sale a la luz su primera novela *Los placeres y los días*. A esta obra le seguiría *Jean Santeuil*. Pero la novela que le elevaría como uno de los escritores más importantes de la literatura moderna fue *En busca del tiempo perdido*.

Pero hoy quizá usted deba recordar esta proclama con alguna pena porque, al poco tiempo, ante la primera barrera usted se entregó, se derrotó; seguramente buscó responsables ajenos a su propia debilidad y falta de tenacidad y los encontró, porque siempre habrá alguien que reciba de nosotros toda nuestra descarga para salir limpios de culpa, con la cabeza en alto, como si nada.

No se culpe del todo ni sienta pena de sí mismo, porque -en parte- a usted sólo le faltó encontrar el verdadero significado por el cual tendría que soportar hasta vencer, incluso algunas veces sin importar el tiempo que le tomara. El miedo existe, es una condición normal del espíritu humano, pero el verdadero sabor de la victoria se da cuando el miedo se convierte en reto. No he conocido mejor manera de convertir el miedo en aguas poderosas que empujan la embarcación de nuestros sueños hacia mejores destinos, que poniéndonos en movimiento sostenido, y para ello es que poseemos la fuerza de la voluntad.

No hay mejor forma de adueñarnos de nuestro destino que actuando y abandonando el simple y frío deseo de querer lograr algo. No debe usted preocuparse por los miedos que como fantasmas en su mente o en su corazón le acechan; es precisamente en ese instante cuando usted está listo para probar su fuerza, su carácter y su voluntad. Confucio afirmaba que: "El camino del hombre superior es triple: virtuoso, se libera de la ansiedad; sabio, se libera de la confusión; arrojado, se libera del miedo".

Debemos preocuparnos es de si esos miedos naturales se quedan a vivir con nosotros, convirtiéndose en amos de nuestro espíritu naturalmente libre y poderoso. Cuando usted sienta que avanza a pesar de sus propios miedos, estará conquistándose, y por ello, será merecedor de todo cuanto se propone recoger en la vida, y la sagrada dicha, esa que a veces parece esquiva a los anhelos humanos, se dejará acariciar placenteramente por usted.

La victoria sobre el miedo es digna de valientes, porque tener coraje no significa estar lejos de los terrenos en donde el miedo acecha. Tener coraje es transitar por allí y avanzar, siempre avanzar, conquistando los temores que hacen parte de la vida misma.

Si usted necesita cambiar su vida financiera, por ejemplo, o se pone en acción constante sin detenerse, o sólo hará parte de aquellos que pasan su vida con unas inmensas ganas de lograr cosas nuevas, pero al final sólo les queda el profundo arrepentimiento de no haberse puesto en marcha, y entonces, tendrán que recibir la muerte con la pena de no haber sido los dueños de su propia vida. ¿Para qué vivir así?

Pero si usted está buscando nuevos destinos para su vida, tendrá primero que reconocer cuál es el significado profundo que le hará cambiar su forma de vivir. Nunca será suficiente con que usted cuente con una voluntad férrea si sus actos no están ligados a un profundo significado y a una penetrante esperanza, esa misma que se encarga de darle al espíritu cansado, un aliento, un profundo suspiro, un deseo implacable que como chispa ardiente se vuelve a encender y comienza a alumbrar los pasillos de la desesperanza, que como enemiga nativa del alma, se quiere apoderar de ella para hacerla crujir de miedo.

La serenidad es hija de la esperanza, y cuando su vida tiene significados trascendentales[9] –los miedos se debilitan y se entregan derrotados en la batalla por vivir. La esperanza se alimenta de una mente optimista[10], de una mente que sabe que detrás del horizonte, allá, en donde los ojos a veces se saben disipar entre el miedo y la soledad, hay valles sembrados de grandes oportunidades.

¿Ha visto usted alguna vez a una estrella de cine grabando una película y a través de su comportamiento demostrando que lo que hace no tiene sentido alguno? ¿Se imagina a un

---

9. Del latin *trans* que significa atravesar y *scando,* que significa subir. Atravesar subiendo.

10. Del latín *op* que significa superior e *ismo* que significa mejor. Un lugar o estado futuro mejor.

piloto de un avión antes de aterrizar, manifestando la pérdida de sentido por su profesión? ¿Acaso se imagina los resultados de una operación de corazón abierto por parte de un médico que ha perdido el verdadero significado de su trabajo? ¿Cuál cree que es el resultado final de un grupo de alumnos que reciben las clases de una maestra que ha perdido la razón esencial al enseñar? ¿Cuál podría ser el resultado si una mujer dando a luz perdiera el sentido de su esfuerzo o su dolor? ¿Cuál es entonces el resultado final de su vida si su razón profunda le disipa entre las distracciones y la pereza?

Ahí vemos la importancia del significado. Éste le da potencia al espíritu humano, especialmente en los momentos en donde se prueba, se confronta y se hace vulnerable al desánimo y a la derrota.

El significado es la corriente que mueve al ser humano al compromiso y a la acción, a la búsqueda permanente de avanzar, lograr y crecer. El sentido es esa carga poderosa de energía que el espíritu humano necesita para mantenerse conectado con la vida misma.

Cuando los hechos en su vida dejan de tener sentido, usted habrá perdido el motivo para la acción, y la razón que le inspira a moverse se habrá apagado lamentablemente; entonces, sabrá lo que es vivir sin razones. La motivación es tener verdaderos significados para moverse hacia algún lugar, y si sus acciones no tienen este significado, usted se "cansará" muy rápido y abandonará sus propósitos, que realmente estaban levantados sobre arena movediza.

Imagínese que se encuentra a la entrada de un túnel muy oscuro y yo le invito a que se atreva a pasarlo sin decirle lo que podrá encontrar al otro lado. Seguramente usted me exigirá que le de las suficientes razones para hacerlo, o en otras palabras, que le proporcione el sentido por el cual tendría que "arriesgarse". Podríamos pasar mucho tiempo, yo, intentando persuadirle de que lo atravesara y usted, buscando la razón por la cual tendría que hacerlo.

Ahora, suponga que le digo que es necesario que usted atraviese ese túnel porque al otro lado de él esta su pequeña hija tratando de escapar de una avalancha de lodo que está cayendo de la montaña. ¿Me preguntaría usted qué sentido tendría en su vida pasar este túnel oscuro? Por supuesto que ni un segundo usted querría gastar preguntándome esto, porque el sentido de su vida, la motivación para ir al otro lado, usted la tiene tan profunda y tan clara, que estoy seguro que lo haría cuantas veces fuera necesario.

Es cierto que habrá a lo largo del camino muchas cosas que debe hacer y que para usted no tienen demasiada importancia. Por ejemplo, piense que su vecino un día debe viajar urgentemente a visitar a su madre que se encuentra delicada en otra ciudad. Usted y él han tenido una muy buena relación y esa mañana él toca su puerta con un perro y un loro. Le dice que sus mascotas no pueden quedarse solas y no tiene tiempo de llevarlas a donde una hermana que vive a dos horas de allí. El hombre que ha sido un excelente vecino, le pide que por favor le cuide a sus dos mascotas por tres o cuatro días que son los que podría tardar fuera de la ciudad. ¿Tendría mucho significado para usted tener que hacerlo? Seguramente no y mucho más cuando su atracción por los perros no existe o no soporta los ruidos aparentemente "humanos" que emite una cotorra.

Pues bien, seguramente en esta escena posible de la vida, tener que alimentar a dos animales extraños no sería un acto en donde el gran significado aparecería, pero si profundiza en la situación, la razón por la cual usted incluso se sacrificaría, sería la de poder ayudar a su vecino y nada más; ese es el verdadero significado. Si no existiera dicho significado, sencillamente usted se inventaría una excusa o quizá diría la verdad a su vecino.

Por ejemplo, le diría que no puede tener animales en casa por la alergia que tiene uno de sus hijos, o porque también usted debe salir de la ciudad. Sin embargo, su vecino se ha ganado su aprecio y respeto y hasta este acto que a usted le molesta, sería capaz de hacerlo con el sentido del servicio a los demás.

El significado debe tener diferentes niveles de intensidad y valor, pero cuando éstos llegan a "cero", usted no tiene por qué hacer o decir las cosas que no tienen sentido, razón o valor para usted, porque en ese momento habrá perdido su verdadera libertad y comenzará a actuar sólo para hacer felices a los demás, por encima de su propia dicha.

El ser humano, cuando encuentra el sentido o la razón profunda que gobierna sus creencias y sus emociones, comienza a ser libre, a disfrutar mucho más de su vida y a sentirse responsable de sus propios actos; en otras palabras, empieza a liderar su propia vida y seguramente a inspirar a otras personas que necesitan de su fuerza interior. Nos hemos confundido con la definición de que el hombre es "un ser sociable" con, "convertirnos" en lo que otros son. Usted puede pertenecer a una comunidad, pero por ello no tiene la obligación de actuar como todos lo hacen ni vivir bajo el sentido de los demás, mucho menos si este grupo que influye en usted está acostumbrado a los estilos de vida mediocre y va en contra de lo que de verdad usted desea ser y hacer.

Existen individuos que me recuerdan a muchas de las mujeres que participan en los reinados de belleza, que se aprenden de memoria una sonrisa postiza y van lanzando besos nacidos del cansancio y de la imperiosa necesidad de ser aclamadas como las mujeres más bellas y dulces del planeta, y entonces, comienzan a prometer obras sociales para los niños que mueren de Sida en el África, los ancianos abandonados, o las familias afectadas por una tragedia natural o causada por el mismo ser humano.

Las grandes mujeres y hombres que han logrado cambiar el curso de la humanidad, lo más importante que hicieron fue encontrarle el sentido a su vida y a su lucha. Piense usted en el significado que tuvo para Gandhi la propuesta a su propio pueblo para lograr derrotar al ejército inglés, el imperio más poderoso de la Tierra en aquella época. ¿Y qué cree que movió a Martin Luther King para producir la revolución en los Estados Unidos en beneficio de sus hermanos negros? ¿O cuál fue el motivo profundo que impulsó durante cuarenta años a Moisés para sacar de la esclavitud a su pueblo? ¿Podría usted ahora mismo responderse qué es lo que le da sentido y emoción para avanzar por la vida? Vamos, piénselo detenidamente y no se asuste si han pasado varios minutos y no encuentra razones realmente profundas; tan sólo reconozca que su vida puede estar consumiendo las últimas gotas de aceite y que sólo seguirá moviéndose a través del viaje que le resta, por una simple inercia. Ir y venir, nada más ¿Es esto lo que usted desea para el resto de su vida? ¿Cuáles son las razones por la que usted mañana se levantará con los ojos puestos en el futuro? ¿Tiene respuestas a estas preguntas?

Seguramente usted si podría responder de inmediato estas preguntas, pero quizá en muchas ocasiones ha olvidado estos sentidos que mueven su fuerza interior, y por ello ha caído en la incertidumbre y el desaliento. Sólo quien abraza estos sentidos reales por los cuales vive, disfruta del hoy y se inspira en el futuro.

En alguna oportunidad, estando en un avión, rumbo a California se sentó a mi lado un hombre muy callado. Los primeros cuarenta y cinco minutos transcurrieron en total silencio. De repente abrió un libro que llevaba en sus manos y comenzó a sonreír al leer algunos párrafos. Luego de unos minutos volteó su cabeza hacia mí y me preguntó:

—"¿Conoce usted algo sobre las misiones?"

—"¿Qué misiones?"— le pregunté sorprendido.

—"Las obras que algunas personas hacen para ayudar a los más pobres"— me respondió con una voz llena de emoción.

—"Bueno, algo he leído al respecto"— le respondí-

—"¿Por qué me pregunta esto?"

—"Porque he dejado todo en mi país–viajaba desde México- y ahora voy a unirme a un grupo de misiones en lo más lejano del África".

El hombre parecía brillar cuando lo mencionaba.

—"¿Y qué hacía usted en su país?"— le pregunté muy interesado.

—"Yo soy médico, pero me ha cansado de ver el dolor por la televisión y he querido estar allí para aliviarlo, de alguna manera".

Estuvimos hablando prácticamente las cuatro horas que tomó nuestro vuelo y no me quedó ninguna duda de que las razones que este hombre compartió conmigo sobre su decisión de dejar su país tenían tanto significado que al despedirnos sólo pude decirle: "Gracias por lo que hace" y apretar su mano con profunda admiración y respeto.

Usted seguramente ahora se estará preguntando los motivos que inspiraban a este hombre a comenzar esta vida. Fueron varios, pero podría resumirlos en uno solo, y fue así como él lo expreso cuando le pregunté lo mismo: "Yo siento que nací para servir a los demás" Suficiente significado para que se uniera a una misión mundial de ayuda humanitaria y cambiara su destino, seguramente para siempre, tratando de calmar el dolor en los más desesperanzados seres humano que habitan la Tierra.

La vida a veces parece extraña y difícil de interpretar, pero ¿cómo será entonces cuando ésta carece de las fuerzas espirituales que requiere para que no se apague en medio de la tormenta y la desolación? Una vida colmada de sentido no es la salvación, pero siempre será mejor en medio del océano llevar un bote salvavidas; el significado es esto mismo para nuestra vida y sin él, jamás la fuerza de voluntad tendrá el poder necesario para llevarnos hacia destinos mejores.

Son miles los casos en donde pacientes prácticamente "condenados" a morir porque la ciencia no encuentra más caminos que rendirse, se han salvado milagrosamente. No entremos a discutir sobre lo que podría ser un milagro, pero sí hay algo que está absolutamente demostrado en tantas y tantas personas que se han salvado, y es su ilusión por vivir.

Piense qué pasaría si usted estuviera ahora en una de estas difíciles situaciones. ¿Cuánto desearía seguir viviendo? ¿Qué le empujaría a desatar de su interior esa fuerza para luchar? Con responder a estas dos preguntas usted ya habrá podido entender con total claridad de qué le he hablado en este capítulo. Posiblemente su respuesta sea: sus hijos, sus padres o todo aquello que para usted tiene un valor, incluida su vida misma como mayor razón.

Cuando no existe esta fuerza poderosa que invade la existencia humana, las personas van cerrando sus ojos y se van entregando, sin otro dolor más espantoso que el de no tener razones para vivir. ¿Podría haber un dolor mayor para la existencia humana?

La emoción

Mantener la emoción por aquello que perseguimos necesita de valentía, tenacidad y una voraz decisión de no renunciar, pero sobre todas estas cosas, requiere de una penetrante razón para no volver al viejo pasado y para resistirnos a morir tan sólo en los buenos intentos.

El otro componente de lo que llamo el tejido humano es la emoción o la fuerza del corazón, y estalla en el interior del ser humano desde lo más profundo de sus sentimientos. Éstos muchas veces van en contra del significado y por ello nuestros esfuerzos pierden energía y nuestras acciones parecen ser simples actos de rutina. Daniel Goleman[11] en su obra *La inteligencia emocional*, afirma: "Las pasiones aplastan a la razón una y otra vez. El conocimiento sin emoción puede llegar a ser increíblemente defectuoso".

¿Recuerda usted en su época de estudiante cómo algunos de sus compañeros de clase brillaban por su capacidad intelectual, pero se estrellaban todo el tiempo contra el mundo cuando debían afrontar las presiones del entorno exterior? En mi grupo había un compañero que brilló desde los primeros cursos; todo el tiempo se mantuvo con la matrícula de honor hasta que terminamos nuestra etapa secundaria. Al ir a la universidad, por sus grandes conocimientos logró un cupo en una de las mejores universidades del país. Un año después nos encontramos y me comentó sobre su fracaso en la universidad. Por supuesto, la sorpresa para mi fue muy grande, pero en aquellos años no se hablaba de la inteligencia emocional y por ello nunca pensé que el verdadero problema de mi compañero fuera su incapacidad de expresar emociones y de relacionarse con el mundo.

---

11. Daniel Goleman: Nació en 1947 en California. Es redactor de las páginas científicas del prestigioso diario *The New York Times* y autor de *Inteligencia emocional*, best seller mundial sobre Psicología, con más de un millón de ejemplares vendidos. Ha sido traducido a veinticinco idiomas.

El gran filósofo George Santayana[12] expresó la importancia de la emoción en la esencia del ser humano: " El joven que no ha llorado es un salvaje, y el viejo que no quiere reír es un loco".

La esencia del individuo se encuentra en sus sentimientos; las emociones se convierten en el combustible que empuja la voluntad humana, pero, ¿se imagina usted cómo se sentiría el ser humano si sus emociones estuvieran perfectamente alineadas con el significado de sus actos?

Muchas veces los padres preguntamos a nuestros hijos cuál fue el resultado de sus exámenes, pero casi nunca nos preocupamos por saber cómo se sintieron. La emoción se ha perdido también en muchas empresas; lo único que cuenta es el resultado, por encima de cómo se estén sintiendo quienes trabajan allí.

Es increíble observar cómo todos los días me encuentro en mi trabajo con personas angustiadas en las empresas, con miedo, y para completar, han perdido el significado de sus acciones.

Ningún jefe debería considerarse un líder si sus seguidores le tienen miedo; al contrario, los verdaderos líderes son aquellos que no solamente logran darle sentido a su trabajo y a los esfuerzos de su gente, sino que también despiertan en ellos un sentido profundo de emoción y de respeto por lo que hacen. La misma pérdida del significado conduce a la frustración y a la desesperanza, al cansancio y a la soledad.

---

12. Filósofo, poeta y novelista que llevó a cabo una amplia especulación filosófica en un gran estilo literario. Nacido en Madrid, España, el 16 de diciembre de 1863, Santayana se trasladó a Boston con su padre en 1872 e ingresó en la Universidad de Harvard. Tras graduarse en este centro, continuó sus estudios en Alemania y el Reino Unido, regresando en 1889 para ser profesor en Harvard. Su primer trabajo publicado fue un libro de poesía, *Sonetos y otros versos*, en 1894. Tras ejercer como profesor de Filosofía Occidental en Harvard desde 1907 hasta 1912, fue a Oxford, Oxfordshire; fijó su domicilio en Roma después de la I Guerra Mundial. Santayana sistematizó su filosofía ética en su primer gran trabajo *La vida de la Razón* (5 volúmenes, 1905-1906), en el que intentó unificar Ciencia, Arte y Religión sobre una base naturalista interpretando cada una de ellas de forma separada pero como modos válidos y así mismo como simbologías.

La emoción tiene su propio lenguaje, no tiene palabras pero se manifiesta con estados como la tristeza, el dolor, la depresión y el mismo vacío existencial, como lo llamó Frankl.

Por otra parte, cuando las acciones tienen un sentido profundo, la emoción se manifiesta en energía, dinamismo, compromiso y pasión o entrega total, y esta misma emoción vuelve a alimentar el significado de sus acciones. Nadie podría estar verdaderamente emocionado si lo que hace o lo que piensa no tiene un sentido profundo para su vida.

Mientras caminaba hoy por un puente muy antiguo que se encuentra sobre el río Magdalena, a dos horas de la capital en donde vivo, se cruzó por mi camino una mujer.

—"Buenas tardes señor ¿linda vista desde aquí, verdad?"— comentó.

Para ser franco, me sorprendió su saludo cargado de una energía que parecía ser más la de una guía turística que la de una mujer que mostraba, por su apariencia física, con cuánta dureza había tenido que vivir seguramente desde muy niña.

—"Es muy lindo este lugar"— le respondí

—"Desde luego" —me dijo la mujer —"Aquí todo es bello".

—"¿Nació usted en esta ciudad?"— le pregunté mientras la mujer me señalaba el paso de algunas embarcaciones abajo en el río.

—"No, llegué a esta ciudad hace nueve años luego de perder a casi toda mi familia, sólo me han quedado mi madre y mi hijo".

—"A propósito", me dijo, "hoy mi hijo está siendo premiado en su escuela por sus excelentes calificaciones".

En ese momento vi como sus ojos negros, que seguramente habían llorado tanto dolor, se iluminaron con dos chispas de dicha como carbones encendidos.

¿Cuánto hay que tener en el interior para llevar esa fuerza en el espíritu humano? me preguntaba, mientras nos despedimos. Ella me dijo que tenía que estar a tiempo en casa para darle a su hijo un buen plato de arroz como premio; un buen plato de arroz, que, a lo mejor, era lo único que podría prepararle. Quise participar de su éxito con algo de dinero para que comprara más comida y celebrara el éxito de su hijo, pero inmediatamente me dijo: "Gracias señor, con esto que usted me da, regreso al mercado a comprar alimentos para la comida de esta semana".

Casi saltaba de la dicha. Esa era la emoción de una mujer infinitamente pobre, pero, sin duda, profundamente feliz disfrutando del éxito de su hijo, tratando de no pensar en el pasado, porque cuando este es doloroso quema el alma y deja cicatrices que desfiguran, pero ella, al parecer no estaba interesada en mirar hacia atrás y con fuerza titánica luchaba por arrancarle a la vida una sonrisa. En cualquier rincón del mundo se nos atraviesan seres grandes, muchos de ellos sin más fortuna que su emoción contagiosa por vivir.

Piense usted si para esa mujer no existe un significado en el interior de su alma lo suficientemente poderoso como para andar por ahí, ofreciendo saludos y sonrisas. La recordaré siempre por su inmenso sentimiento de gratitud ante la vida, que en definitiva, a veces nos cuesta tanto reconocer.

Thomas Paine[13] así nos lo recuerda: "Yo admiro al hombre que sabe sonreír ante los problemas, que reúne fuerzas de la desgracia y que en la reflexión crece en valentía. Es característica de las mentes pequeñas encogerse, pero aquel que es firme en su corazón y cuya conciencia aprueba su conducta, persevera en sus principios hasta la muerte".

Lástima que la vida misma nos tenga que mostrar a veces los dientes como hiena para llamar nuestra atención y recordarnos que si estamos aspirando a vivir mejor, debemos comenzar por agradecer más.

"Un hombre caminaba por el bosque bastante desconsolado por lo que era él en ese momento de su vida. De repente, tropezó con una piedra y cuando se quedó mirándola vio que del fondo de ésta brillaba la cara de una bella hada quien le saludó desde su corazón. "¿Qué está pasando hoy contigo?" —le preguntó desde la piedra la misteriosa dama— "Si así lo deseas, puedes pedirme lo que quieras para que logres tu dicha infinita".

El hombre no desaprovechó la invitación y rápidamente le dijo al hada del bosque: "Has lo que tú creas que me puede hacer feliz". El hada se quedó mirándolo con profunda compasión y le dijo: "Ya veo que has olvidado quién eras. Hace treinta años vagabas como animal salvaje por estos mismos bosques y cuando me pediste que hiciera contigo lo que yo creyera que te podría hacer más feliz, entonces yo te convertí en el hombre que eres, y ahora ¿deseas acaso volver a ser la fiera salvaje que se alimentaba de carroña?"

---

13. Thomas Paine (1737-1809) fue autor de grandes clásicos en la historia del pensamiento independiente. Su *Sentido Común*, publicado en 1776, contenía el primer argumento razonado a favor de la revolución americana. Prácticamente de la noche a la mañana esta obra convenció a los colonos de que sólo la revolución les aseguraría sus derechos y libertades. En 1794 Paine escribió un libro revolucionario de otra clase, destinado a convertirse en un clásico del libre pensamiento – *La Edad de la Razón*. En él pone la Biblia al descubierto, llamando la atención hacia sus numerosas contradicciones, errores de hecho, absurdos y atrocidades que contienen tanto el Antiguo como el *Nuevo Testamento*.

A veces el pobre estado de insatisfacción y aburrimiento con nuestra vida, no tiene otra razón que la de no contar con la fuerza emocional suficiente para vivir y avanzar como seres humanos que merecemos ganar ante las adversidades, que siempre han existido sobre la faz de nuestra tierra.

Sin duda, la emoción nos hace ver estrellas por todas partes y aunque no necesitamos preguntarnos qué significado tiene una noche despejada, sería suficiente para llenarnos de emoción y así encontrarle el sentido a ese instante. La dicha en el ser humano habita también en las pequeñas cosas y es por ello que casi nunca las disfrutamos al máximo.

Desde muy niños, especialmente a los hombres, se nos ha enseñado que el llanto no está permitido. Qué idea más absurda pensar que un niño no debe llorar. La emoción hace parte del ser humano desde que nace y una de sus formas de expresión puede ser, desde una obra para piano, una pintura, una poesía, hasta una lágrima que abre el camino del alma hacia su templo, silencioso y profundo.

Una criatura de apenas escasos días de nacida, cuando ya reconoce los sonidos de la voz de su madre o de su padre, mueve sus pies y sus manos a gran velocidad y produce unos sonidos de algarabía, colmados de una emoción intensa; es el espíritu humano lleno de dicha. Crecemos y comenzamos a disfrutar con pequeñas cosas, pero en la medida en que nos hacemos "mayores" la sociedad nos pide que maduremos, que nos convirtamos en personas serias y aburridas y, por dentro, el espíritu humano en su esencia pierde el verdadero significado de dicha y alegría, y se torna en un espíritu silencioso y muchas veces melancólico.

Hay momentos en los que la vida enviste sin compasión, y pareciera querer llevarse por delante los sueños y la emoción que guardamos para afrontar nuestro destino; sin embargo, es en esos instantes cuando hay que echar mano a ese "bote salvavidas llamado sentido y voluntad" para salir del tormentoso océano de la adversidad que acecha.

Grandes han sido los hombres y mujeres que en medio de las frías tinieblas que oscurecen el horizonte de sus vidas, han prendido su luz y han avanzado hasta la orilla, allí, en donde la vida se suele arrullar en calma. Luego estos mismos valientes, se arrojan a la mar de nuevo, luego de cargar sus entrañas de nuevos alientos para no naufragar en las frías aguas de lo desconocido. Pareciera que gozaran con la aventura de vivir.

¿Sabe de qué estoy hablándole ahora, verdad? Sin duda, usted también ha visto personas que han resuelto ser simples observadoras de su vida, mientras que otros deciden ser protagonistas y comienzan a actuar y a ejercer el autogobierno. De eso se trata el liderazgo, de actuar y no de contemplar la vida en medio de profundas reflexiones, que al final, sólo dejan un sabor amargo en la conciencia de los hombres.

La emoción está en miles de pequeñas cosas, que nos llenan de dicha día a día: llegar al hogar, hacer un negocio, ayudar a alguien, volver a ver a nuestros viejos amigos, construir la casa fantástica con viejos cartones para nuestros hijos o quizá dejarnos invadir por la música que sabe cómo envolver el espíritu humano en calma.

También la emoción hace parte de una vida con propósitos, con sentido, con razones, objetivos y proyectos, pero por supuesto, con acciones movidas por la voluntad. Todos alguna vez nos hemos dejado tentar por el abandono y salimos corriendo como liebres asustadas al escuchar el más insignificante ruido.

Todos hemos iniciado con poderosa emoción alguna acción que muy dentro de nosotros nos grita que es la salida de una vida monótona y hasta indolente, pero, ¿qué ha pasado? en pocos día dejamos a un lado esa emoción y comenzamos a escarbar en el viejo baúl de los recuerdos y las añoranzas de una vida cómoda y aunque placentera, muchas veces mediocre.

Mantener la emoción por aquello que perseguimos necesita de valentía, tenacidad y de una voraz decisión de no abandonar la lucha, pero sobre todas estas cosas, de una penetrante razón para no volver al viejo pasado y para resistirnos a morir en los buenos intentos.

Su búsqueda por los grandes propósitos no podrá ser tan sólo una fugaz luz en el firmamento. Como un rayo penetrante nacido de su poderosa convicción, usted deberá atravesar con fuerza la oscuridad que reina en quienes han perdido el significado y la emoción en sus vidas.

Las condiciones sociales, los desastres naturales, los eventos incontrolados, pueden desatar en el ser humano la profunda desdicha y la emoción negativa. La infelicidad se ha ido convirtiendo, con el paso del tiempo, en el estado más común de la mayoría de las personas.

Recuerdo la manifestación de la emoción de un individuo que una tarde se acercó a la ventana de mi automóvil vendiendo cuentos infantiles. Con inmensa dificultad podía hablar, al parecer por una parálisis infantil, y con una increíble fortaleza en sus brazos, movía sus dos muletas; sin embargo, dejaba salir de su boca una sonrisa profunda que hacía imposible negarse a escucharle; cuánta alegría desbocada contagiaba con sus ojos alegres.

"Señor, no vendo cuentos infantiles" —me dijo con sus palabras entrecortadas — "yo sólo quiero llevar más alegría a los hogares en donde hay niños". Esa fueron sus palabras para ofrecer los libros.

No necesitamos estar en una condición tan dramática como esta, pero si revisamos nuestro tema anterior del significado, es muy claro que la fuerza interna proviene de su propio sentido por las cosas que usted hace, de su razón por vivir, de su propósito, su misión, o como usted prefiera llamarle; de lo contrario, seguramente usted podría estar mejor, sentado a la entrada de cualquier templo estirando su mano en búsqueda de una limosna, sin aliento, sin esperanza, perdido en la miseria y el abandono, pidiendo a gritos su salvación desde afuera del templo.

Usted tendrá por ello que levantar su cabeza y seguir hacia adelante, que es el lugar a donde el ser humano merece llegar, claro, si él lo desea, porque nadie podrá arribar allí si no tiene deseos y valor para actuar, humildad, disciplina y amor, perseverancia y una clara visión acerca de lo que en realidad desea hallar en el viaje empinado de la vida, la cual, le repito, viene acompañada de trayectos, algunos muchas veces, que sólo los valientes de corazón logran conquistar hasta la cima, colocando con orgullo y dignidad su propia bandera.

Estas personas a nadie envían para hacerlo, ellas mismas cargan con su equipaje y abrazan el cielo en lo más alto, mientras otros pasan su vida añorando vivir con el mínimo esfuerzo pero soñando con conquistar las más altas cumbres.

Cuando la emoción abre sus surcos en las heladas estepas del desencanto por vivir, pareciera que sembrara sus semillas de optimismo y abundancia. Digo adiós para siempre a los optimistas de arcilla que se engrandecen hablándoles a los demás de cómo avanzar por la vida en medio de los más tormentosos momentos, mientras luego ellos, en sus camas, lloran desconsolados su tragedia al no poder vivir como "recomiendan" a sus semejantes.

Los héroes de las grandes películas son admirados no por su valentía, sino por su capacidad para entretenernos por un par de horas y nada más. Usted no tendrá que ser el héroe de ninguna película, más que de la suya propia. No aplaudo a esos héroes de carne y hueso que por colgarse una medalla, se alejan de la esfera humana para ascender a los cielos en donde su soberbia y lejanía les hace, inmerecidamente, ser llamados estrellas en el firmamento.

Usted es un héroe tan sólo cuando hace que las cosas sucedan. Su vida es una permanente conquista, día tras día. Héroes son las mujeres en el mundo que algunas incluso muriendo alumbran el camino de una nueva criatura. Héroes los hombres que antes del amanecer ya están en los andamios de los edificios, en las calderas, en los autobuses o en los viejos barcos de los pescadores, que aún sin que la mar se ilumine, zarpan colmados de años y de esperanzas, seguros que ese día será el mejor de su vida en el inmenso océano.

Héroes esos hombres y mujeres que colmados de emoción por darle a su vida un vuelco total, comienzan la batalla por conquistar nuevos mundos, y entonces lanzan un grito sobre las llanuras de su desaliento, abren sus alas y hoy, como diamantes, brillan iluminando el camino para que otros transiten los senderos de la esperanza. ¿Cómo no creer en ellos? ¿Por qué no estar a su lado aprendiendo del coraje y de sus conquistas?

Todos ellos se entregaron apasionadamente tras sus sueños y lograron con disciplina, visión, convicción y resultados, eso que hoy todavía muchos se preguntan si es posible. Duros como el diamante, fortalecidos desde adentro, luminosos en su espíritu y capaces de enseñar a otros, pues únicamente los que asumen con responsabilidad su propia vida son aptos para brillar así. No es fácil brillar desde adentro, pero no es imposible.

Sus manos cuando aprietan parecen volcanes ardientes, sus brazos cuando estrechan son la fuerza del espíritu humano, y sus ojos brillan colmados de fe, entusiasmo y convicción. Yo los he visto y cada vez que estoy a su lado, algo inexplicable surca mis entrañas, una emoción que penetra, una fuerza que empuja, inspira y alienta, una manera de vivir, que creo, es verdaderamente la única que vale la pena.

Son seres que brillan desde adentro mientras que otros nada más lo hacen desde afuera, y esa luz dura lo mismo que una joya de oropel. Estos conquistadores no viven lejos de los días grises, sus vidas al igual que la de todos los demás seres humanos —porque son como usted y como yo— a veces pasan por la fatiga, la soledad, el dolor y el sacrificio, pero a pesar que podrían sucumbir en estas profundas aguas, son los primeros en recuperarse, levantan su cabeza y ya el mismo universo les muestra los caminos por conquistarse nuevamente. Otros, en cambio, a pesar de añorar y merecer una vida diferente, están paralizados porque no saben hacia dónde queda la salida, y viven muchas veces infinitamente enredados en medio de una realidad profundamente inhóspita.

Todos merecemos el éxito en nuestros propósitos y tenemos que lograrlo sin más disculpas. Admirable y digno de imitar, siempre y cuando usted se decida, actúe y no se desconcentre de sus proyectos, pero tampoco pierda la fuerza en su corazón, que es el centro de donde nace esa emoción que se hace inagotable si su vida tiene un sentido profundo.

La palabra corazón significa "coraje", y por ello, al hablar de llevar una vida emocionante, estamos hablando igualmente de una vida llena de coraje y valor, que, a su vez, representan la emoción hecha acción. Hay que saber ver con los ojos del corazón, porque una visión trazada para cumplir nuestro propósito tan sólo desde el plano mental, pierde trascendencia y no estará íntimamente relacionada con la emoción.

Un pequeño pájaro soñaba desde que nació con poder volar muy alto y llegar hasta el sol. Él sabía que existía el sol pero como nació ciego no lo veía y sí, tan sólo sentía el calor en su pequeño cuerpo. Cuando aprendió a volar a los pocos meses de nacer, comenzó a estrellarse contra los árboles del bosque, pero siempre volvía a abrir sus alas hacia donde sentía que el sol brillaba. Una mañana al despertarse y al preparar de nuevo su vuelo y comenzar así su irresistible tarea de alcanzar el sol, escuchó la voz de un hombre que vivía solo en el bosque:

—"Pájaro estúpido, ¿no te has dado cuenta que jamás alcanzarás el sol? Y si así afuera, tu ceguera jamás te permitiría verlo. Renuncia a tu locura".

Sin embargo, el pajarito seguía teniendo clara la razón de su vuelo, y ese día voló tan alto que su pequeño corazón, el mismo que le dio el coraje para intentarlo muchos años, no soportó y se quedó quieto. El pajarito comenzó a caer por el espacio abierto hacia el bosque, pero de repente, un suave rayo de sol atravesó las nubes y depositó como en un nido de luz a la criatura que tanto quiso conocerle, para luego, fundirlo en sus entrañas y hacerlo parte del sol para siempre.

El hombre aún vive en las montañas y por su vejez ha quedado ciego, y todas las mañanas cuando se despierta llora por no poder alcanzar el sol con su mirada, mientras su corazón se apaga de tristeza.

Si alguna vez usted ha perdido la fuerza en su corazón por conquistar las tierras extrañas, sabrá que los ojos del corazón pueden ser los que más ven y los que llenarán sus actos de coraje por alcanzar eso que tanto anhela. La vida se gana con decisiones y con acciones. Lo demás es un movimiento natural de la existencia en el cuerpo humano, que para ser realistas, hasta las aves lo tienen. Abandone para siempre la infortunada idea de que todos merecen habitar en las cumbres de la prosperidad. ¿Lo merecen acaso los perezosos que han decidido vivir con lo mínimo? ¿Los cobardes, ante las dimensiones desconocidas que otros si abordan a pesar del miedo? ¿O quizá lo merecen los estruendosos que sacuden sus egos por encima de los demás llenando de polvo la vida?

No, usted sabe que la grandeza y la prosperidad no son para aquellos que actúan sin fe, o para quienes con absoluta convicción se quedan quietos. Mucho menos la merecen aquellos que se niegan a llenar con emoción sus actos. La emoción permite que hasta el corazón mismo lata, pero no siempre cuando lo hace es porque esté lleno de emoción; podría ser sólo un signo vital, pero podría ser también que dentro de usted no haya nada verdaderamente emocionante, y entonces, todo lo que esté haciendo, sin sentido, carecerá de razón profunda.

Es bien sabido que incluso en la misma tumba, el cabello o las uñas siguen creciendo, porque sus sistemas de crecimiento están tan asociados y llegan a ser tan independientes del latido del corazón que no necesitan de éste. Por eso, aquellas personas que van caminando por ahí, no siempre están vivas, porque la vida verdadera, está relacionada con el significado y la emoción como fuentes poderosas de la existencia humana.

Con el simple hecho de que usted se cierre a las nuevas posibilidades que hay para mejorar, ya se está negando a vivir y a colmar con emoción sus actos. La emoción está relacionada íntimamente con su propia evolución, pero no me refiero por supuesto a esa evolución por la que Darwin pasaba horas enteras buscando el eslabón perdido que le pudiera demostrar cómo saltamos del mono al hombre. Para Darwin, la evolución estaba en las células, porque pensaba que los seres humanos carecíamos de espíritu. Para muchas personas esta teoría sigue siendo la principal razón de su existencia y, por ello, es imposible pensar que sus actos estén dirigidos hacia un destino de mayor trascendencia.

Para otros, seguramente como usted, el significado y la emoción con la que impregnan su vida, les dan esa fuerza necesaria para despertar todas las mañanas, abrir las velas de su embarcación y lanzarse sin disculpas hacia ese lugar nuevo que por mérito propio merecen conquistar. Los demás, sin emoción en su corazón, seguirán buscando la fórmula matemática de la vida bajo los microscopios, sin darse cuenta que ésta habita en el centro del corazón.

Capítulo Tres

Frente a frente
La voluntad basada en la verdad

La mentira y la verdad

Desde pequeños nos cortaron las verdades que, como alas, trataban de salir de nuestra conciencia, y nos convertimos en seres "armados" por piezas de otras personas. Miles de individuos acuden a su templo religioso, pero no saben lo que su boca repite domingo a domingo. Miles de estudiantes hoy asisten a sus aulas, y ellos tampoco saben lo que su boca repite. ¿Tiene significado para usted esto?

Cada vez las personas se preocupan más por saber lo que usted ha estudiado que por lo que usted en realidad es. Las empresas se llenan más frecuentemente de "expertos estudiosos" pero poco se preocupan por saber más de su enfoque de vida, de sus valores, de lo que son y de lo que piensan aportar a la sociedad desde sus trabajos. Ahí comienza la batalla interna en las organizaciones; los valores de las personas se confrontan y es cuando encontramos los rufianes que —como hienas— se quieren devorar a sus compañeros de manada con tal de sobresalir.

El ser humano cada día construye un caparazón con el cual pretende ocultar su verdad. ¿Qué hace usted ahora en el sitio en el que menos desearía estar? O ¿Qué hace trabajando en la empresa en la que menos quisiera trabajar? ¿Qué hace mostrando su mejor sonrisa por algo que de verdad no le produce gracia?

Al parecer, hemos sido "educados" para escuchar mentiras, y cuando alguien nos dice la verdad, lo tratamos de atrevido. El ego anda por ahí pidiendo alimento de las otras personas, y el alimento que mejor le nutre no siempre es la verdad.

Nunca espere cosechar grandes frutos, si usted antes no está plenamente convencido de que su grandeza y dicha tiene que estar fundamentada en el servicio a los demás y en la verdad.

Cuando usted dice: "Yo soy..." es su ego el que habla; cuando dice "Yo tengo", igualmente es su ego el que está hablando. No es usted, es su necesidad de mostrar superioridad o éxito, riqueza o conocimiento. Hace pocos días me encontré en un congreso con un hombre que fue mi vecino.

Desde que comenzó a hablar hasta que terminó —en realidad habló él solo— me estuvo contando de sus grandes logros, sus empresas, su nueva casa en la playa, sus grandes victorias, y nada más. Su bandera es su ego inflado y su necesidad de escuchar aplausos de los demás, por donde pase. ¿Será un hombre pleno el día que nadie lo aplauda y tenga que enfrentarse con su silencio? ¿Cuando descubra que en su casa de la playa no habita nadie más que él, sin ego, sin reconocimientos sociales y sin alabanzas? ¿Podrá soportarlo? Estoy casi seguro que ese silencio va a ser insoportable y tendrá dos opciones: la primera será encender a todo volumen su televisor y llenar su casa de muchos huéspedes que le ocupen sus espacios vacíos, o la segunda, enloquecer. No tendrá otra elección, porque jamás ha pensado en algo diferente que en "tener". No caiga usted en este juego de andar aparentando lo que no es de verdad. En realidad, esa obra dramática no podrá mantenerla por mucho tiempo en escena.

Desde pequeños nos cortaron las verdades que, como alas, trataban de salir de nuestra conciencia, y nos convertimos en seres "armados" por piezas de otras personas. Miles de individuos acuden a su templo religioso, pero no saben lo que su boca repite domingo a domingo. Miles de estudiantes hoy asisten a sus aulas, pero ellos tampoco saben lo que su boca repite. ¿Tiene significado para usted esto?

La vida agitada en lla que hoy vivimos nos pide hallar verdades que necesitamos escuchar y olvidarnos de algunas cuantas mentiras que nos han sabido instalar en nuestra mente subconsciente. Nunca será tarde para rechazarlas y reconocer desde nuestra conciencia, que en verdad miles de viejas ideas deben ser abortadas por nosotros mismos.

La lucha del ego es brutal cuando cada uno de nosotros lo confronta. El ego se resiste hasta casi llevarnos a la desgracia total, en donde nos invita a poseer más objetos y más títulos, así por dentro estemos profundamente tristes. La sociedad reclama personas "dignas" de imitar y los jóvenes buscan estrellas a quienes seguir. La mentira es un disfraz que todos los días cada uno se pone y sale a la calle a mostrar lo que necesita tener para ser reconocido y aceptado. Negarlo sería imposible porque el ego es la forma de poder más destructiva que evita que nos pongamos frente a frente, mirándonos al interior y no sepamos decirnos la verdad.

¿Qué es lo que usted desea para su vida? No se mienta, sólo responda con franqueza y no se preocupe si su respuesta se queda en un "no lo sé"; porque es ésta la mejor manera de comenzar. Jamás el poder de la voluntad se activará en el hombre mientras no defina primero hacia dónde va y cuál es su verdad, esa que debemos descubrir antes de comenzar nuestra conquista.

LA MENTIRA

Millones de personas viven en medio de una farsa todo el tiempo: trabajan en empresas que no aman, leen libros porque están de moda, aceptan cargos que no les hacen felices, e incluso llegan a tener hijos porque les da pena con el mundo quedarse solos con una mascota; es esta la hipocresía mayor de un ser humano.

¿Sabe usted en dónde empieza su falta de honestidad? ¿Se ha preguntado alguna vez cuál es la mentira más grande que usted se ha dicho y que quizá aún se está repitiendo? Faltamos a la honestidad todos los días de muchas formas, pero quizá una de las más dolorosas y desgarradoras para nuestro espíritu, es cuando escuchamos nuestra voz interior, pero le hacemos caso a la voz de los demás.

(Quizá ahora mismo usted está dando un paso adelante buscando una manera de vivir más placentera, pero la "sugerencia" de otros le confunde tanto que vuelve a la fila a donde usted ya no desea pertenecer más, y sigue lamentando su situación o soñando con un mejor destino; de este tipo de deshonestidad quiero hablarle, porque la mentira es fruto de ella, y cuando usted vive en medio de su propia mentira, se comporta deshonestamente con su propia vida. ¿Cree usted que así podrá vivir feliz?)

(La deshonestidad no tiene que ver tan sólo con "quitarle a los demás" sino con quitarse a usted mismo, mentirse y dejar de hacer lo que desde su interior sabe que tiene que hacer.)

(Muchas personas comienzan a caminar por senderos de bondad y buenas intenciones, y de repente se ven sumergidas en las arenas inestables del poder y el placer, y a pesar de que conocen muy bien que sus actos van en contra de su verdadera moral, pueden más sus actos inmorales y siguen construyendo su propia catedral de mentiras.)

(Si usted busca la felicidad desde la mentira, podrá incluso alterar los medios para lograrla, y entonces en ese momento su ética se hace maleable y débil, a pesar de que su objetivo se logre, pero así no habrá éxito que perdure, ni paz que gobierne por mucho tiempo la conciencia humana.)

Muchos que se entregan al alcohol, por ejemplo, no pueden negar que tarde o temprano éste terminará con su vida, y a pesar de ello, para no pensar concientemente en esto, mejor se vuelven a embriagar para olvidar lo que en el fondo les grita su verdad.

(Por causa de nuestra continua incertidumbre, podemos caer en la tentación de maquillar nuestros actos y nuestra propia existencia, con el fin de que los demás nos vean como personas dignas y capaces. Un mentiroso podría incluso aumentar su capacidad de mentir con el ánimo de ser reconocido en su grupo como el más capaz de engañar. Quizá, esto es lo que desde niños aprendemos cuando confundimos competir en la vida y conquistar nuestros éxitos, con derrotar a los demás a cualquier precio, incluso, alterando para siempre el curso de los principios universales.

En algunas empresas pareciera que las personas deben de firmar un código de deshonestidad. El sendero se abre cuando usted comienza a ser verdaderamente conciente de la farsa que hoy puede estar viviendo, y el sentido interno —del cual hablaré más adelante— comienza a gritarnos por dentro que lo que hacemos o lo que pensamos no está de acuerdo con lo que nosotros queremos ser, y entonces, en ese preciso momento comienza la gran desventura del ser humano, subsistiendo apenas.

Así es posible encontrar a miles de personas que pasan el resto de su vida haciendo cosas que los hace plenamente infelices o repitiendo ideas que ni siquiera se han preguntado qué significado tienen para su propia vida.

Con frecuencia, estamos buscando encontrar la tranquilidad pasajera, preguntamos a quienes están a nuestro lado si de verdad aún nos aman, o si nos extrañan. Todo el tiempo necesitamos escuchar de los demás lo atractivos o importantes que somos, pero muchas veces las personas suelen respondernos lo que queremos escuchar al hacerles nuestras preguntas.

¿Qué sucede cuando el ser humano se agita por dentro en busca del sentido y de los motivos verdaderos para romper en pedazos la cárcel de la conformidad y de la vida mediocre? Por supuesto, corre el riesgo de ser expulsado de su empresa, de la sociedad, de su grupo familiar, pero también asegura para su vida un destino que le enmarcará en la lista de los valientes, que un día decidieron ser diferentes y respetando los principios universales tomaron por fin de las riendas con fuerza, el carruaje que los condujo a vivir distinto. El éxito para estas personas ya ha comenzado.)

Ahora las personas se refugian en las muchedumbres que han aprendido que allí se vive bien, bajo sus propias reglas, sin importar cómo se comporten los que allí habitan; mientras no rompan sus reglas, estarán protegidos.

Las multitudes, en donde la conformidad es su majestad, son caldo de cultivo para la pérdida absoluta de la moral. Allí nadie piensa —sólo algunos—, y los demás obedecen como borregos asustados para no ser algún día expulsados de su refugio. Los grandes grupos en donde los débiles se refugian, se alimentan de la sustancia que extraen de las mentes débiles que necesitan, como débiles que son, refugiarse y esconder allí sus manos con las que lanzan las piedras.

¿Ha visto usted en los estadios cómo las cámaras registran a estos individuos? La muchedumbre se lanza como una avalancha, pero cuando uno de ellos es sorprendido, la multitud corre atemorizada abandonando al que apenas hacía unos segundos formaba parte de ella, pero que ahora debe convertirse de nuevo en "uno solo". "Fueron ellos los culpables" dirán, pero ellos, "los culpables" ya no existen porque la multitud carece de identidad real, es sólo una sombra que se mueve con poderosa energía como si se tratara de un tornado, pero que al querer ser identificada, en realidad no es nada, sólo la acumulación de individuos fracasados y necesitados de esconderse bajo esa sombra.

En los juicios de Nuremberg, después de la Segunda Guerra Mundial, muchos de los hombres de confianza de Hitler, respondieron que ellos no eran los culpables de las ejecuciones que cometieron con sus propias manos y que solamente obedecieron las órdenes de su gran comandante, el Führer.

Un ejemplo más claro y doloroso no puede haber de lo que significa actuar sin convicción y de manera deshonesta. Es la muestra de lo resbaladiza que puede ser una persona inconsciente, irresponsable y peligrosamente obediente. Estos hombres como mascotas, oprimían el gatillo y luego con la misma sangre de sus víctimas lavaban sus manos y le servían vino a su líder, diciendo que ellos sólo estaban "recibiendo órdenes" y que el verdadero asesino era otro.

Luego, salían para sus casas y con esas manos acariciaban el rostro de sus propios hijos. ¡Qué vergüenza! ¿Hasta dónde puede caer el que es incapaz de asumir con verdadera dignidad y responsabilidad sus actos?

Pero igual, a veces parece suceder con las personas que andan culpando a los demás por su desgracia. Pasan su vida siendo víctimas, lamentándose de su desventura y de sus fracasos, casi siempre producidos por ellos mismos. Si quisieran, miles de personas regresarían a su propia identidad, y serían por fin responsables; entonces sólo así los códigos universales de la vida misma destrabarían todas las cadenas con las que el mismo ser humano las ha atado, y cada uno de sus proyectos comenzaría a rodar sin ninguna resistencia.

No puede usted esperar alcanzar ningún tipo de éxito perdurable en el tiempo, si antes no se libera de la vieja idea de que otros son los responsables de sus desdicha y mentira. En las empresas, por ejemplo, existen unos individuos similares que simplemente responden: "Yo solamente obedecí a mi jefe, así que hágale el reclamo a él", y todo, porque son como máquinas que operan, sin tener el coraje de hablar y de decir: "Usted está equivocado o fui yo quien se equivocó."

Por la ley del miedo a morir en manos de su "jefe", en muchas empresas se obliga a las personas llenas de desasosiego a seguir en el rebaño. Nuestro mundo demanda más gente responsable de su propia vida, más líderes que sean capaces de despertar la responsabilidad personal y que lleven a su gente a controlar por ellos mismos sus acciones y a responder ante ellos mismos por sus resultados.

En su libro *Psicología de las multitudes*, Gustavo Le Bon[14], hace una perfecta descripción del comportamiento que tiene un grupo sin claridad de conciencia y moral:

"El más singular de los fenómenos presentado por la masa psicológica es el siguiente: cualesquiera que sean los individuos que la componen y por diversos o desiguales que puedan ser en su género de vida, sus ocupaciones, su carácter o su inteligencia, el sólo hecho de hallarse transformado en una multitud les dota de una especie de alma colectiva. Esta alma les hace sentir, pensar y obrar de una manera por completo distinta de cómo sentiría, pensaría y obraría cada uno de ellos aisladamente".

Por supuesto, sería en estos momentos de nuestra historia prácticamente imposible que usted o yo no pertenezcamos a una sociedad claramente identificada por la multitud, pero sólo cuando a su vez tengamos la capacidad para reconocernos como seres individuales, seremos capaces de, por lo menos, dejar de repetir algunas conductas alocadas típicas de un sistema "masivo de pensamiento" que suele ser una de las más poderosa barreras contra la que solemos estrellarnos en la vida.

Los grupos o comunidades organizadas podrán hacer un papel serio y representativo del individuo, pero jamás podrán reemplazar en éste su condición humana de pensar, sentir y actuar bajo los valores innegociables que gobiernan la esencia humana como lo son el amor, el agradecimiento, la constancia, el servicio, el optimismo, la prudencia o la responsabilidad.

---

14. Entre las personalidades más relevantes de la intelectualidad francesa, se destacaron hasta hace algunos años, el psicólogo Th. Ribot, el filósofo H. Bergson, el humorista Anatole France y el etnógrafo, arqueólogo, biólogo y sociólogo Gustavo Le Bon, que es uno de los pensadores más profundos y originales de nuestro tiempo, pues al cultivar cada una de las principales ramas científicas, ha dejado huella profunda, señalando derroteros en cierto modo nuevos, a la cultura.

Sólo cuando los grupos están creados para estimular en el interior del ser humano la evolución y el progreso, los valores y la dignidad, la familia y la vida misma, serán la fuerza imparable que usted necesitará para avanzar y cambiar su destino. Qué coraje el de aquellas personas que luego de pertenecer a los grupos típicos en donde todo el mundo pasa su vida de manera "normal", levantan vuelo, definen un rumbo diferente y comienzan a trabajar en busca de su gran sueño, con tal intensidad que se desborda en su corazón y que inunda la vida de los demás, llenos de fe, ilusión, esperanza y amor en cada uno de sus actos.

Un aleluya para quienes luego de pasar muchos años tan sólo añorando una forma de vivir diferente, rompen en pedazos esos estilos de vida, y se embarcan en la nueva aventura de vivir; un himno de júbilo para quienes son capaces incluso de abandonar sus zonas cómodas y conocidas, y giran su rumbo por completo haciendo que otros hagan lo mismo.

El comportamiento masivo igualmente se observa en las personas incapaces de plantearse preguntas honestas que les permitan ver sus verdades; prefieren muchas veces ocultarse, ya no en la muchedumbre para no ver la realidad, sino dentro de su propio caparazón.

Parece que son muchos los que se niegan a ver su realidad, la misma que los hace vulnerables; no desean ver cómo sus propios valores se han confundido con los valores de otros —sus predadores— y aún así, siguen aferrados a esa forma comediante de vivir, de amar, de trabajar, de reír, de ser lo que de verdad sueñan ser, y es este el principio de una vida sin sentido, sin propósitos y sin voluntad.

Al parecer, el reconocimiento sigue siendo más importante que la verdadera identidad. La aprobación es una cuestión que tiene que ver con todos los seres humanos; de hecho, esa es una de la condiciones para vivir en sociedad.

Un niño que en su salón de clase no sea reconocido como el más capaz, colaborador o respetuoso, seguramente necesitará marcar su propia etiqueta para ser reconocido como el más desobediente, violento, disociador o incluso hasta el más triste. Algo tendrá que hacer, pero no podrá pasar como "un cero a la izquierda". La indiferencia y la falta de reconocimiento suelen llevar a la verdadera locura a un ser humano, que necesita sentirse amado, respetado y reconocido.

Su atrevido deseo de no pertenecer a la masa acostumbrada al fracaso o a la comodidad mediocre, seguramente le va a causar algunas dificultades, incluso con las personas que menos pensaría. Atreverse a cambiar su forma de vida, para muchos es sólo una locura que no tiene sentido y entonces usted encontrará por el camino a muchas personas que le invitarán a abandonar su lucha. No lo haga, avance, escuche lo que su corazón le dicta y observe a los que ya han logrado convertir en verdad su más recóndita ilusión de ser y de vivir diferente.

Pretender dar un paso al frente y unirse a un grupo que vive diferente, es para las personas más cercanas a usted, un salto hacia el abismo de la irresponsabilidad. Le llamarán insensato y se sorprenderán grandemente cuando comiencen a verlo colmado de dicha por lo que está haciendo. Será una de sus primeras pruebas de fuego, porque si usted está débil, el grito desalmado de los demás que sueñan con que usted regrese al mismo estado, le hará dar un paso atrás y usted seguirá soñando con vivir mejor en medio de una vida mentirosa que en el fondo de su ser ya no quiere.

El destino del hombre ha estado diseñado por algunos y fotocopiado por el resto. Su destino parece ser el que mejor le convenga a los demás y por ello, muchas veces termina haciendo lo que menos placer le produce, así los demás se llenen de gozo por su "excelente papel" secundario y su desdicha.

(En muchas empresas todos corren, suben y bajan, miran el reloj y cuentan las horas que les quedan para salir de su prisión, que por respeto llaman "oficina". No son dichosos, no sienten en sus venas la pasión por lo que hacen, y sólo saben criticar, destruir, impedir y nada más.)

El pintor Vincent Van Gogh, aun en medio de su pobreza total y su enfermedad, seguía pintando —que manera mas honesta de vivir— y era feliz, porque seguía haciendo lo que más amaba; pintar era su vida, su sentido y lo que le colmaba de profunda emoción.

Cuando cumplió treinta y tres años se suicidó, pero no por la miseria que llevaba; lo hizo según la carta que dejó a su hermano, porque sentía que ya había pintado su último cuadro. Para terminarlo tardó casi un año; hizo muchos intentos pero no encontraba el resultado que tenía en su mente y los destruía; finalmente encontró el atardecer que buscaba y al parecer allí mismo su vida encontró el ocaso. Su carta demuestra cómo su razón y su emoción terminaron allí:

"Me suicido porque ahora no tiene sentido vivir, mi trabajo está acabado. Además me ha resultado difícil ganarme la vida, pero seguía adelante porque tenía trabajo que hacer, un potencial en mí tenía que realizarse. He florecido, ahora ya no tiene *sentido vivir como un mendigo*. Hasta ahora no lo había pensado, ni siquiera lo había visto. Pero ahora es lo único que veo. He florecido hasta el máximo, estoy pleno. Ahora seguir adelante, buscando otras formas de ganarme la vida me parece estúpido. *¿Para qué?* Por tanto, en mi opinión, no es un suicidio sino que he llegado a la plenitud, a un punto y aparte, y dejo el mundo alegremente".

Por supuesto, sin estar defendiendo su decisión, resalto la claridad del sentido, de esa razón tan poderosa que a pesar de sus más grandes calamidades, seguía pintando. Qué voluntad y qué anhelo más intenso por dejar su obra concluida. Un siglo después de la muerte del gran pintor, cada uno de sus cuadros vale millones de dólares y se considera que tan sólo hay doscientas obras disponibles. El mundo no reconoció su talento sino hasta mucho después, pero para el maestro cada día traía para él su dicha de pintar, y cuando ésta terminó, en su corazón se apagó su sentido, su gracia y la fuerza de su voluntad que lo mantuvo vivo exclusivamente para pintar.

El verdadero valor de lo sencillo se ha perdido. La mentira se ha logrado instalar en una parte importante de la mente humana, haciéndola frágil, maleable y fácil de manipular, incluso a cambio de un vaso de leche y un pedazo de pan. Claro, cuando el hambre se apesadumbra, los valores cambian y entonces, los abusivos entran al corazón de los débiles e ignorantes y se presentan como su dios, su salvador, la luz poderosa que les sabrá iluminar, al menos mientras logran el tan anhelado trono. Acaso ¿cualquier luz en medio de la oscuridad no es esperanzadora para alguien que se encuentra perdido?

A propósito, fue la culpa la que llevó al genio de la dinamita, Alfred Nóbel, a crear su fundación y sus premios, como también es la culpa muchas veces la que empuja la mano al bolsillo de quien lanza una limosna miserable en el canasto del templo o en las manos quemadas del mendigo en la calle.

Jean-Paul Sartre[15] el connotado novelista francés, de importancia mundial por sus letras y su profunda visión del ser humano, fue uno de los varios hombres premiados con el Nóbel, pero cuando le ofrecieron el prestigioso galardón, lo rechazó.

---

15. Filósofo francés, dramaturgo, novelista y periodista político. Es uno de los principales representantes del existencialismo. Sartre nació en París el 21 de junio de 1905; estudió en la École Normale Supérieure de esa ciudad, en la Universidad de Friburgo, Suiza y en el Instituto Francés de Berlín. Enseñó Filosofía en varios liceos desde 1929 hasta el comienzo de la II Guerra Mundial, momento en que se incorporó al ejército. Desde 1940 hasta 1941 fue prisionero de los alemanes; después de su puesta en libertad, dio clases en Neuilly (Francia) y más tarde en París, y participó en la Resistencia francesa.

"Ya he recibido un inmenso tributo por mi trabajo mientras lo estaba haciendo. El premio Nóbel no le agrega nada a mi trabajo", fueron las palabras que le dijeron al mundo de qué estaba hecho en realidad.

Definitivamente se necesita de una profunda conciencia y una forma de vivir plena y colmada de verdad y sentido, para rechazar lo que otros quisieran ganar incluso "moviendo" sus fuerzas políticas internacionales para lograr aparecer en las portadas de los más importantes diarios del mundo. Hay quienes quisieran al menos salir en la página social, con un título muy grande que dijera: "Tributo a un gran ser humano", así tuvieran que pagar por ese aviso. Así le gusta vivir a muchos.

La humanidad desea reconocer sus grandes obras, pero será suficiente que desde su sentido interior sepa que su obra se ha realizado. Por supuesto que el agradecimiento de las personas que podrían ser tocadas por su trabajo se manifestará permanentemente, pero se tiene que negar a vivir de esos aplausos pasajeros, de esas luces del escenario que sólo deben quedar como un recuerdo en su historia; lo que debe permanecer es su obra, sus actos y nada más.

La verdad

Descubrir la verdad es conocer los motivos más profundos para vivir diferente, es alejarse de la obra que posiblemente está viviendo hoy para alimentar su ego, es abandonar la comodidad que medianamente se encuentra disfrutando, por días de trabajo con amor, sacrificio y lucha, que al final, se convertirán en gloria y absoluta realización.

El deseo no es suficiente mientras no tomemos el control de nuestra vida y convirtamos esos deseos en necesidades, en acciones y en cambios; mientras esto no suceda, viviremos alejados de la verdad. Ésta comienza en nosotros y es para nosotros. Usted sabrá cuando está dirigiendo su vida sobre bases sólidas, sin engaños ni maquillajes, porque su destino y sus grandes éxitos estarán construyéndose sobre esa verdad.

En la Antigua Grecia, Diógenes fue condenado. Caminaba desnudo y solía llevar una lámpara y cuando por las antiguas calles se encontraba con alguna persona, levantaba su lámpara y le miraba detenidamente. Las personas, muy sorprendidas por la forma como se comportaba Diógenes, le preguntaban: "¿Qué estás haciendo? Estamos a plena luz del día y tú caminas con esa lámpara encendida mirando a las personas a la cara".

Diógenes no quitaba sus ojos de sus sorprendidos transeúntes y sólo les respondía: "Ando buscando al hombre auténtico, busco a un hombre real".

La lámpara de Diógenes se convierte en un símbolo que representa la necesidad del ser humano de hallar la verdad de su vida. El día que Diógenes murió, mantenía la lámpara encendida en su mano. Un hombre que estaba cerca le preguntó:

"¿Ahora que te estás muriendo, sería posible saber si con tu lámpara has encontrado al hombre auténtico?"

Diógenes, agonizante, le respondió: "No lo he encontrado, pero muero infinitamente lleno de gracia porque nadie me ha robado la lámpara, a pesar de haberme encontrado con muchos ladrones. Es suficiente con saber que aún conservo mi lámpara a pesar de encontrarme con seres falsos, criminales, infieles, mentirosos y que ninguno de ellos me la haya robado; muero con mi lámpara encendida a pesar de no haber encontrado al hombre auténtico".

Usted puede confiar en Dios como único creador de su universo y de su vida, pero se necesitan personas capaces de confiar en sí mismas para honrar con altura esta maravillosa creación, porque, de lo contrario, su propio espíritu será débil y fácil de dominar y será amante de los tiranos, los buscará, los adorará y morirá por ellos si es necesario.

No olvido cómo luego de concluir una de mis conferencias en una importante empresa, un hombre bastante joven se me acercó y me pidió unos minutos. Nos sentamos a tomar un café, y este joven en medio de su gran temor, me confesó que se sentía oprimido por su jefe. Yo le pregunté si ya él se lo había expresado, pero el joven me respondió que si lo hacía seguramente perdería su empleo, que, por supuesto, necesitaba.

Se me ocurrió decirle, entonces: "Le quedan dos cosas por hacer, la primera, hablar con él, exigirle el respeto al que usted tiene derecho y recuperar su dignidad; la segunda será continuar siendo víctima de su propia decisión".

Cuando terminé de hablar, el joven que tenía entre sus manos un lápiz, lo partió en dos. "Toda mi vida he sido así", me dijo, "desde muy niño, mi padre me obligaba a callar cuando quería hablar; hoy, siento que si voy a hablarle a alguien, el grito de mi padre saldría de la boca de la otra persona".

Volví de nuevo a retomar el tema y le dije: "Su padre ya no es el problema, el problema ahora es usted. Es por su decisión de no hablar que los demás pasan por encima suyo sin respeto. Sabe bien que su padre no hablará por la boca de los demás y sabe bien que el destino de su vida aún se puede cambiar si se llena de coraje y decisión".

Sin duda, es el mismo cuestionamiento que un ser humano se hace y se logra responder. Miles de personas mañana se levantarán a repetir sus actos de inconciencia, sin sentido, sin verdad, sin ningún tipo de dicha ni agradecimiento, sin lograr saber si sus actos son dirigidos bajo sus propios ideales y su propia verdad.

La individualidad en el ser humano le da derecho a construir sus propias creencias, que deben transformarse en su verdad, sobre asuntos que trascienden en un plano puramente humano, pero existe una verdad que gobierna su existencia interior, que le da orientación y razón a su vida, y le convierte en un ser.

La verdad que cada ser busca desde siempre y muchas veces muere sin descubrirla, habita en su conciencia y en su propio corazón. Aquella verdad que miles de personas han encontrado, no se hallaba fuera de sí mismas. Habitó, habita y habitará por siempre en su propio espíritu, y solamente quien se atreve a preguntarse los "para qué" de su existencia, la encontrará y su vida será diferente y fascinante. Ahí está el significado y la emoción de la que le hablé anteriormente.

¿Qué está de moda? Parece ser la pregunta que todos se hacen constantemente, porque sólo así podrán seguir siendo parte de la "raza humana" digna. "Si tienes, eres", parece ser la mejor manera de describir a muchas de las personas que no han sido capaces de detener un instante su alocada marcha.

La figura no es la verdad, la figura es el ego. La palabra no siempre es la verdad, ésta se manifiesta muchas veces en silencio. La verdad se oculta en el interior, no afuera. La palabra sinceridad procede del término griego que significa "sin cera" y representa que una escultura hecha por un artista era probada en el sol, demostrando su fortaleza al no derretirse, ya que algunos artesanos al sacarla del fuego del horno, le aplicaban cera de un blanco perla y así la hacían pasar por porcelana o mármol. De ahí que todo individuo sin tapujos, sin rajaduras, es considerado sincero y de una sola pieza.

Cada día vemos cómo "importantes y reconocidas figuras del mundo" abandonan su placer y comienzan a caminar hacia adentro. Se cansaron de andar cubriendo sus rajaduras con cera y han decidido entrar de nuevo al horno de su propia vida, para volver a nacer. No se necesita abandonar la comodidad que existe afuera, pero sí reconocer la mentira que habita adentro.

Muchas historias nos muestran cómo al reducir la confianza en el niño, el adulto se hace frágil. No existe mejor método que hacer sentir miedo a alguien para poder llenarlo de mentiras. Adolfo Hitler así lo reconoció un día: "Necesitamos que nuestra gente esté llena de miedo porque de lo contrario se convertirían en nuestros propios enemigos", es decir, encontrarían la verdad que sus voces interiores gritaban.

De hecho, muchos hombres y mujeres se negaron a seguir a este hombre, y arriesgando su propia vida, daban techo y comida a los pobres perseguidos por su locura desmesurada. Así pasa con las guerras actuales, en donde las mentiras de algunos poderosos se convierten en las verdades de la multitud, y terminan odiando a quien se les ordene. Cuando la confianza se fractura, cuando la verdad en su interior deja de existir o no se descubre, usted se preocupará por ser "un buen empleado", "un buen estudiante", "una buen médico", pero nunca olvide, que antes tendrá que ser un buen ser humano, porque usted cuando duerme deja de ser empleado, estudiante o médico, y en su sueño encontrará el descanso tan sólo si sus acciones han sido rectas.

La verdad comienza ahí, cuando usted comienza a negarse a viejas creencias, porque son ellas las que le han hecho de cemento. Una creencia no tiene ningún significado si usted no la entiende, porque ésta debe ser acuñada profundamente en su interior en la piedra de la fe y la confianza. ¿Usted cree en Dios? Una cosa es que tenga la fe absoluta de su existencia dentro de usted como un latido, y otra que simplemente crea que existe. Mientras no lo entienda, mientras no lo haga suyo en su vida, mientras no lo viva en su aliento, no existirá lo que he llamado "la creencia real".

¿Usted de verdad cree que la Tierra gira alrededor del Sol? No necesita salir de la Tierra para ir a mirar si ésta gira o no, es una verdad descubierta por Galileo y punto, pero en usted será sólo una creencia aprendida mientras no dedique un instante en su vida para que su conciencia lo ubique en ese movimiento; no será una verdad para usted, tan sólo una creencia que aprendió pero de la cual usted jamás ha sido conciente.

Cuando vea por ejemplo, cómo el Sol se esconde en el horizonte por detrás de las montañas o en el inmenso océano, y ese momento sea vivido como un instante de conciencia al pensar que en realidad es la Tierra la que está girando, usted vivirá ese instante con plena sabiduría, llenándose de vida, de dicha y de agradecimiento, y entonces ya no podrá decir que es tan solamente una creencia, sino su verdad vivida.

Quizá lo haya visto mil veces, pero mientras no lo haya sentido, disfrutado y aprendido, no será una verdad para usted, nunca lo será. Lo que le quiero decir, es que lo que necesitamos para llevar nuestras creencias a ser verdades, es profundizar en ellas, encontrar su sentido, llevarlas a nuestra conciencia y convertirlas en verdades.

¿Qué decisión tomaría hoy que le permitiera cambiar su vida y su destino? Ahí comienza su verdad. Ésta se relaciona con la libertad, con la capacidad de elegir, de hablar y hasta de guardar silencio, pero muy especialmente, con la capacidad de actuar movido por su fuerza de voluntad. La verdad está en la voz interior, ahí habita. Siéntese, mire esta noche al cielo y sabrá de dónde proviene la verdad, sólo le falta vivirla plenamente y abandonar la piel vieja que cubre su existencia.

En este momento, muchas personas podrían estar pensando que hablar sobre la verdad es irresponsable, porque ésta es lo más subjetivo que existe, y que cada individuo está en libertad de tener su propia manera de concebirla. Ese es el problema; cada individuo por proteger sus actos inventa su propia verdad. Cada persona sabrá decir que la verdad de la iglesia o la familia, no se acomoda a su interés personal, y entonces funda la nueva orden que promulga la nueva verdad.

(Pienso que universalmente existen verdades intocables que siempre han existido y que a pesar de que muchos hombres las han disfrazado de motivos políticos, religiosos o sociales, siguen y seguirán siendo verdades no creadas por el hombre. Recuerde de nuevo a Galileo. Dedicó su vida bajo un significado profundo y la emoción que colmó su corazón día a día lo llevó a su verdad: la Tierra giraba alrededor del Sol. Sin embargo, la iglesia pretendía cuidar su creencia de que el centro del universo era Dios y como Dios había creado la Tierra, a su alrededor tendría entonces que girar el universo mismo. El científico es amenazado por ser excomulgado, y su verdad se extingue ante el miedo y la presión del poder religioso de aquellos días.)

(Galileo acepta públicamente estar equivocado, aunque en el fondo del corazón su verdad le gritaba que lo que él había descubierto era cierto. El resto de sus días fueron amargos, porque no puede existir nada más doloroso para un ser humano que reconocer una mentira mientras en su interior habita una verdad.)

(Cuántas veces nos sucede lo mismo que a este gran hombre; aún sabiendo que en nuestro interior encontramos nuestra verdad, perecemos ante las presiones de los demás, desmantelándonos de nuestra verdadera razón.)

(Usted posiblemente ahora mismo está viviendo una explosión de valor en su vida, llegando a sentir que es el momento de cambiar o de no desfallecer ante los primeros pasos que ha dado para encontrar mejores destinos. Es esta una manera de que reconozca que la verdad se está haciendo presente en su vida. Seguramente usted se ha fatigado ya de vivir a medias, ganar apenas el dinero suficiente para sobrevivir, y pasar los días en medio de un abrumador sentimiento de aburrimiento. Ahí ha comenzado a dar a luz su verdad, porque la verdad en su vida puede aparecer cuando usted reconoce que lo que está viviendo es una mentira. Si usted no reconoce que se encuentra en la oscuridad, jamás anhelará encontrar la luz, aún sabiendo que la luz existe.

La verdad se reconoce cuando usted siente en su corazón que lo que está pensando es profundamente congruente con lo que está diciendo, y que lo que está diciendo está intensamente relacionado con lo que hace, aunque muchas personas deseen volver a taparle sus ojos con las frases de desánimo que pretenden volverle a su pasado.

Es común ver cómo alguien que se "despierta" un día llena de un nuevo significado y colmado de una nueva emoción, comienza a buscar las oportunidades para ganar más dinero, hacer un trabajo que le haga más feliz, encontrar más tiempo para dedicarlo a su familia o, en fin, cualquier cosa nueva que le permita elevarse de las aguas calmadas pero infectadas por donde viene navegando; es probable que se encuentre con personas que, por lo general son sus amigos o familiares mas cercanos, que le griten "detente, no juegues con tu destino de esa forma" y empiecen a sacarle la lista de sus razones para que su verdad se apague de nuevo: "Es peligroso, es arriesgado, usted no conoce, así está bien" y todo un largo inventario de razones para que vuelva a su vieja forma de vivir.

Si usted está débil, su entusiasmo y su voluntad que es esa gran fuerza de la que le hablaré hacia el final, comenzará a descender rápidamente hasta los niveles más bajos, esos de donde usted seguramente proviene, y el negativismo de esas personas que jamás han hecho más que lamentarse de su vida, como agua fría terminarán apagando la llama encendida que usted ha prendido en su interior, y su verdad, esa que de repente estalló como chispa, se ahogará de nuevo en sus simples deseos de vivir diferente.

No olvide jamás que lo más fácil de encontrar por nuestro camino, son las personas que nos quieren enseñar todas las cosas que ellos creen que no somos capaces de hacer y que desean con todo el corazón que renunciemos a esa verdad que hemos encontrado por fin.

Últimamente se habla de la importancia de saber reconocer las oportunidades en nuestra vida a través de la visión. Es clara y exacta esta afirmación y por ello Owen D. Young[16] afirmó un día: "Ten visión y valor para crear, ten fe y valor para probar".

Jamás podremos entender las oportunidades que se nos presentan si antes no tenemos claridad de qué es lo que estamos buscando. Aún así, es otra manera de reafirmar lo que deseo compartir con usted ahora mismo. Cuando usted por fin siente que necesita un cambio, ha comenzado a caminar por la verdad, esa que le da sentido y emoción a sus actos. Entonces, las oportunidades comenzarán a vislumbrarse más claramente, porque la verdad ilumina lo oscuro, que es la misma confusión que genera en las personas un sentimiento de "pérdida de sentido".

Cuando las personas están navegando por estas aguas de confusión, suelen repetir cosas como "necesito cambiar mi vida pero no sé qué hacer" o quizá "necesito mejorar mis ingresos pero no sé qué negocio inventar". Estas expresiones son una muestra que ellas están desorientadas, y a pesar de haber encontrado algo tan importante como es reconocer que su vida debe cambiar, que es una mentira, o que no son felices haciendo lo que hacen o sintiendo lo que viven.

---

16. Ejerció la abogacía en Boston hasta 1912, año en que ingresó en la *General Electric Company,* donde llegaría a ocupar altos cargos ejecutivos: consejero general y presidente del comité de directores (1922-39). Fundó la *Radio Corporation of America* en 1919 y colaboró en diversas misiones oficiales. Destacó su intervención en la segunda comisión interaliada para resolver el problema de las reparaciones de la primera guerra mundial. Reunida en París en febrero de 1929, la comisión, presidida por Young, elaboró un plan sustitutivo del Plan Dawes, por el que se reducían a un cuarto las reparaciones debidas por Alemania. El Plan Young nunca entró en vigor, pues a la moratoria concedida por Hoover para la anualidad 1931-32 sucedió el ascenso de Hitler al poder y su negativa a realizar dichos pagos.

La verdad aclara, inspira, da fuerza al ser humano cuando la encuentra y la hace suya. En alguna oportunidad me ofrecieron un ascenso en una de las empresas más poderosas del sector donde trabajaba y, sin embargo, lo rechacé. Todos mis amigos me decían que había sido la decisión más estúpida que había tomado. Pues bien, lo que nadie sabía era que tres años atrás había encontrado una verdad que, por supuesto, no reñía moralmente con mi trabajo, pero que descubrí poco a poco. "Quería escribir, enseñar, quería ser un orador, un entrenador" y venía trabajando en las noches en mi sueño. Cuando la vida me puso en la balanza tener que elegir entre continuar como ejecutivo de importante nivel o comenzar a vivir mi nueva verdad, tomé la decisión más difícil y entonces renuncié. Recuerdo que en mi carta escribí algo así: "…por 12 años he podido entregarme con pasión ante los retos que he sabido enfrentar y superar y por ello he sido considerado como el más apto para este nuevo cargo, pero ahora, la vida misma me ofrece una oportunidad para demostrar la verdad que he encontrado; no he estado este tiempo mintiendo sino disfrutando de otra verdad para la cual profesionalmente me preparé, pero lo maravilloso de nuestra vida es que hay oportunidades que nos ayudan a encontrar otras verdades nuevas que tenemos que aceptar valientemente".

Si hubiera aceptado esta importante oportunidad, habría obtenido mayores comodidades, más posición y seguramente más reconocimiento, pero ¿podría haber vivido más feliz con mi nueva verdad oculta en mi corazón?

Las oportunidades serán más claras cuando usted encuentre sus razones, sus verdades profundas y sus sentidos, porque es usted mismo quien debe crear esas oportunidades.

Las oportunidades cubren espacios en áreas muy amplias: desde su éxito financiero hasta su paz interior. La oportunidad se da cuando usted se atreve a lanzarse por encima de la vanidad y la mentira luchando por encontrarle el sentido a sus actos, porque sólo usted va desarrollar la fuerza para avanzar hacia las oportunidades. Por ello, si de verdad desea comenzar a disfrutar de lo que usted como persona se merece, tendrá que dejar de quejarse de su desdichado pasado o de su mala suerte y afrontar con altura la vida que usted tiene hoy.)

(-Descubrir la verdad es conocer los motivos más profundos para que usted viva diferente, es alejarse de la obra que está viviendo hoy para alimentar su ego, es abandonar la comodidad que medianamente está disfrutando, por días de trabajo con amor, sacrificio y lucha, que al final, se convertirán en gloria y absoluta realización.)

Capítulo Cuatro

Luz y sombra
La voluntad desde la grandeza

La escasez y la abundancia

Los amos del mundo de la escasez son: "el miedo, la envidia, el odio y la ingratitud", y cuando usted entra por la puerta de su templo, comienza a vivir el mundo de la escasez y entonces su voluntad se debilitará y no tendrá la fuerza necesaria para avanzar hacia propósitos mayores.

Los seres humanos habitamos en dos mundos. No importa en qué parte del planeta usted se encuentre ahora, siempre estará habitando cualquiera de estos dos lugares: la escasez y la abundancia. Podría estar ahora mismo observando un precioso atardecer en una playa de arenas blancas, pero mientras su cuerpo está allí, su mente y su corazón podrían estar viviendo realmente en un mundo de absoluta escasez. Este mundo es un sitio al que el ser humano teme, pero que busca a su vez. Los amos del mundo de la escasez son: "El miedo, la envidia, el odio y la ingratitud", y cuando usted entra por la puerta de su templo, comienza a vivir el mundo de la escasez y entonces su voluntad se debilitará y no tendrá la fuerza necesaria para avanzar hacia propósitos mayores.

¿Conoce personas que habitan allí, verdad? Si tienen dinero, siempre afirman que les falta; si tienen salud, al parecer algo les duele siempre; si poseen un trabajo, andan por los pasillos renegando todo el tiempo de sus jefes, sus compañeros o sus clientes, pero si son dueños de su propio negocio, se quejan de que las ventas no son buenas, y así pasan la vida los "seres humanos escasos" pues nunca nada es verdaderamente suficiente.

Lo increíble es que su forma de vivir necesita estar alimentándose de otros seres "escasos"; se buscan, se necesitan, se reúnen para ver cómo su vida es una queja constante.

Muchas de estas personas se hacen llamar "críticos expertos"; andan por ahí diciendo que ellos saben más que los pintores, los grandes maestros de la música o los escritores, y se sientan a criticarlos y a destruir su obra. Cómo me encantaría ver a alguno de ellos, —aunque hay que reconocer que también los hay con un verdadero sentido de sabiduría y responsabilidad— enfrentando a un toro de cuatrocientos cincuenta kilos, o dirigiendo la novena sinfonía de Beethoven. Se han dedicado a leer tomos enteros, pero jamás han vivido la verdad del creador de la obra y todo lo que saben es aprendido de memoria y así, vivir y criticar no tiene mucha gracia ni gran valor por aplaudir. A veces pienso que estos "sabios" de cartón sufren al no saber crear una de estas obras a las que ellos llaman "sin alma".

La envidia, como Platón la describía, es "el placer del mal ajeno" y para Aristóteles era una terrible enfermedad que agobia el alma humana y que se manifiesta como "pena del bien ajeno y gozo del mal ajeno".

Al otro lado, habitan los seres abundantes, colmados de sentido, emoción y verdad. A pesar de las dificultades que se encuentran en el camino, se han sabido mantener de pie y a pesar de sus caídas, se han levantado para seguir su rumbo. Su claridad interior y de objetivos les permite que su lucha sea más providencial y su abundancia procede de la manera como ven la vida, porque la claridad interior basada en el sentido, que no me canso de repetir, nos proporciona la fuerza para sacrificar lo que ya conocemos, lo que ya no tiene valor para nosotros y lo que hay que abandonar sin llanto.

No me refiero a la abundancia que proviene de los santos, quienes ya hicieron su obra en la Tierra, sino a la de los hombres y mujeres tan corrientes —como usted y como yo— que sabemos dirigirnos hacia las elevadas cúspides en donde el viento sopla más fuerte, pero también en donde habita la razón principal que nos llena de orgullo y dicha interior, porque la verdadera gloria de nuestra vida en la Tierra, creo que reside en que siempre hay una oportunidad para que todos los seres humanos logremos vivir en el mundo que cada uno se merece.

Por supuesto, no pretendo desconocer la tragedia que han tenido que vivir miles y miles de personas por las acciones perversas de otros hombres. ¿Quién podría decir que fue merecido el destino de los habitantes de Hiroshima? ¿Quién se atrevería a afirmar que los muertos en los campos de concentración nazi fueron merecedores de semejante barbarie humana? ¿Quién podría decir que los hombres y mujeres desplazados por la violencia merecen esta crueldad?

Aunque existen historias a granel de seres humanos que de forma casi sobrehumana superan las tragedias de su vida y nos enseñan de qué está hecho el espíritu humano, por ahora quiero pensar en quienes a pesar de las dificultades externas más "entendibles y suaves" logran avanzar por encima de su presente hacia un futuro más digno y feliz.

La escasez es la pobreza de la voluntad, mientras que la abundancia es la autenticidad que los seres humanos tenemos derecho de elegir para encontrar en nuestra vida una razón más profunda y trascendental que sólo respirar.

La escasez

La escasez es un estado mental. La mente es una permanente indecisión: la mente opera entre dos polos y trata con frecuencia de hallar el polo que para nosotros más razón tenga, menos esfuerzo exija y más seguridad nos brinde.

Recuerdo una tarde que viajaba en un automóvil de un hombre que se ofreció a llevarme del lugar en donde dictaba una de mis conferencias hasta el hotel en donde me encontraba alojado. Hablábamos sobre la importancia del liderazgo; cuando ya nos acercábamos al hotel, una pequeña de no mas de seis años, se acercó a su ventana a pedirle que le permitiera limpiar las farolas de su vehículo; él la miró con una profunda lástima y con su cabeza se negó a permitirle a la pequeña ganarse una moneda, mientras arrancaba su vehículo a toda marcha.

Luego, sin poder ocultar su malestar me dijo: "Estos niños se acostumbran a pedir limosna todo el tiempo y mañana serán unos delincuentes". Le miré a los ojos y sólo se me ocurrió decirle: "Quizá antes de que sean grandes ya se conviertan en eso, porque por ahora no tienen ninguna otra oportunidad para comer que limpiando las farolas de su vehículo; por ello será mejor que usted y yo hagamos algo, porque esa es otra forma de practicar lo que usted dice que practica con su gente en su empresa".

Por fortuna ya estábamos llegando al hotel, porque de lo contrario me hubiera negado a seguir hablando con un mezquino, que llenaba su ego de un cargo muy importante en una de las empresas más grandes del mundo, que conducía un automóvil último modelo y que, a su vez, le negaba a una criatura el derecho a comer algo.

Nuestro mundo cada día se llena más de gente que sufre, pero también de escasez en la mente y el corazón de otros que nada se les ocurre hacer por aliviar el drama de los débiles. Los escasos se preocupan únicamente de su bienestar, su comodidad y su vida en la que en realidad no es posible que exista ni bienestar ni comodidad. Sólo cuando están con personas que pertenecen al mundo de la abundancia, sacan sus "falsos ánimos" y dicen con valentía pasajera: "Sí, estamos hechos para triunfar" o gritan "aleluya" y muchos de ellos son capaces de ponerse de rodillas y orar.

(Su vida es desorganizada. Sus familias son reducidas al consumo y cada día abren un agujero profundo en sus finanzas y se entierran allí sin opción de salir. Dicen que necesitan mejorar sus ingresos, pero su miedo, y muchas veces su pereza, les mantiene enterrados en su propia tumba. La desgracia parece ser su religión, porque ésta procede de las mentes escasas.)

[Ellos nunca alcanzan a creer que algo bueno esté pasando en nuestro planeta. Su frase bandera es "todo tiempo pasado fue mejor" y lloran con nostalgia el pasado que tampoco han sabido vivir. Su vida se ve reducida al fracaso y desearían que todos los seres humanos nos comportáramos como ellos. Su infinita desgracia es como un virus, que de no estar mentalmente fortalecidos quienes les rodean, podrían ser contagiados, aniquilados, llevados a expresiones mínimas de creatividad, de trabajo, de pasión, de entrega y de verdadera evolución.]

(Por ello, es importante que revise ahora mismo quiénes son los socios de su vida porque la escasez podría estar tocando a su puerta. Recuerde que la escasez sobre la cual le estoy hablando se refiere primordialmente a la escasez en la forma de vivir; pobres ideas, pobres sentimientos, pocos deseos de progresar, de aprender, de descubrir y de actuar.)

(Otra de las formas más comunes como la escasez se hace presente es a través de la indecisión. El miedo se manifiesta de muchas maneras y una de ellas es el temor a tomar decisiones que transformen la vida, y por ello, la voluntad es débil y cada vez que es probada en los intentos, se niega a estallar en el interior del ser humano dejándolo colmado de frustración al ver que cada intento es sólo eso, un paso sin avanzar.)

(La escasez es un estado mental. La mente es una permanente indecisión; la mente opera entre dos polos y trata continuamente de hallar el polo que para nosotros más razón tenga, menos esfuerzo exija y más seguridad nos brinde.)

(El filósofo y escritor indio Bhagwan Shree Rajneesh, relata en su libro *Más allá de la Psicología*[17] como Soren Kierkegaard escribió en un libro sobre su propia experiencia: "Nunca lograba tomar una decisión respecto a nada". Las cosas eran de tal manera que si determinaba algo en un sentido, lo otro parecía ser lo correcto. Y si decidía por lo otro, entonces era lo primero lo que sentía que estaba bien. Aunque había una mujer que permanecía muy enamorada de él y quería casarse, se quedó soltero.)

(En alguna oportunidad dijo: "Tendré que pensarlo; el matrimonio es algo importante y no puedo decir sí o no inmediatamente" Y murió con la duda, sin casarse.)

(Vivió mucho tiempo y siempre estaba discutiendo, argumentando, pero no encontró una respuesta que pudiera ser la definitiva. Este es el gran problema que la mente suele presentarle al ser humano, pero se hace mucho más peligrosa cuando hace parte de alguien cuya vida está fundamentada sobre la escasez, porque por allí se llega fácilmente a la locura.)

(Lo increíble, es que la escasez se aprende primero con la información guardada en nuestra mente joven; ella sabe reunir los datos proporcionados por nuestros padres, maestros, amigos de infancia y por las comunidades en donde hemos vivido. La prueba está en cómo los niños cuando llegan a los siete años de edad saben repetir perfectamente muchas palabras que sus padres pronuncian, pero muchas de las cuales no tienen para ellos aún ningún significado. El niño comienza a hacer preguntas, le interesa encontrar respuestas más allá de su lógica. Lo que desea realmente es encontrar respuestas sencillas.)

17. Bhagwan Shree Rajneesh: *Más allá de la Psicología*. Editorial Neo Person.

La escasez se va aprendiendo cuando el niño comienza a escuchar en casa frases como "la vida es muy dura" o "todo lo que nos matamos y no tenemos derecho a una vacaciones" y así, a través del día a día, los pequeños van viendo en sus padres comportamientos de escasez. Incluso, aprenden la indiferencia con los más necesitados, porque según sus padres, "si ni siquiera para ellos alcanza, mucho menos para los demás".

Poco a poco, esta información se va guardando en lo más profundo de la mente subconsciente y en algún momento explotará la escasez como una poderosa bomba atómica que lo destruirá en millones de partículas. El individuo podrá seguir de pie, pero por dentro se habrá quebrantado su verdadera identidad, el poder de la bondad y su propia voluntad.

Ahí está el comienzo de la escasez, ahí en la mente comienza todo: los miedos, las fobias, los traumas, las creencias que determinan la conducta están registradas allí en la mente, su gran amiga o su gran enemiga, dependiendo de cómo se haya programado usted.

Miles de libros hablan del poder de la mente; grandes autores han demostrado que es desde allí, desde la mente subconsciente desde donde usted diseña su vida exitosa o fracasada. El cerebro humano, el órgano más perfecto de la naturaleza, gobierna a su "amo" luego de que éste le ha incorporado la información necesaria.

La escasez es un programa contaminado con un virus puesto en la mente. Algunos científicos defienden la idea, de que si se hubiese instalado el cerebro de Albert Einstein luego de morir, en la cabeza de cualquier otro individuo absolutamente corriente, éste se hubiera convertido en el mismo genio que fue el científico.

Esta teoría vendría a demostrar que la escasez pasa "genéticamente" de familia en familia por el resto de generaciones, hasta que alguien con responsabilidad, coraje y fuerza de voluntad, rompa esa cadena y cree un nuevo modelo mental, no sólo porque cree que es capaz, sino fundamentalmente porque piensa que no merece tal clase de vida.

La responsabilidad es la inmensa capacidad de responder con habilidad y su verdadera libertad nacerá sólo cuando usted se haga responsable de sus propias decisiones.

Por las ciudades y los pueblos caminan personas escasas, que aún sabiendo que su vida requiere de mayores esfuerzos, se limitan a quejarse y nada más. ¿Podrían existir mayores irresponsables que los que se quejan de su propia desgracia, de la desgracia generada por su propia escasez y nada hacen para salir de esos oscuros pantanos en donde su espíritu se revuelca?

Los escasos son expertos manipuladores. Ponen caras de santos, de víctimas, de seres infelices, y entonces logran los votos, los aplausos o los juguetes que necesitan, porque no son capaces de argumentar con sus propias palabras su verdadera razón.

La escasez es un estado mental que contamina el alma, haciéndola débil, maleable y enferma. Por ello sufren muchas personas de odio hacia sí mismos, porque en el fondo saben que no han sido más que perfectos necios, incapaces de dar el grito de libertad e identidad y tomar por fin profunda conciencia de lo que es su vida y su presencia en este universo que no se sabe detener jamás. La voluntad que hace parte del ser humano y que es la responsable de convertir los sueños en acción, ante la escasez se hace tan débil que llega el momento en el que la persona se califica de incapaz. Es la máxima calificación que alguien se puede dar cuando su fuerza para actuar ha desaparecido de su interior.

Los seres escasos son expertos viendo cómo las demás personas están en desgracia. Para ellos es absolutamente imposible ver en los demás rostros diferentes a los de todas las personas con quienes se han venido rodeando.)

("Una tarde la mejor bailarina del reino decidió visitar al médico de la corte. Este, quien llevaba casi cincuenta años atendiendo al rey a todos sus súbditos, se mostró impresionado al ver a la bailarina muy enferma.)

(—Usted no podrá bailar mañana— le dijo.

La bailarina muy preocupada la respondió:

—Pero si yo no estoy enferma, sólo he venido a saludarle.

—Usted está gravemente enferma y tendrá que quedarse en cama— insistió el médico.

Esa misma noche la bailarina comenzó a tomar todos los medicamentos que el doctor le prescribió.

A la mañana siguiente la bailarina no despertó y el rey bastante preocupado y molesto llamo al médico:

—¿Qué le ha pasado a mi mejor bailarina?

—No lo se señor, yo le envié todos los medicamentos para que se curara porque estaba muy pálida.

El rey entonces estalló en cólera y le dijo al médico:

—Ella no estaba pálida; cuando vino a saludarle, recién acababa de presentarse en la función que estrenó, y lo que llevaba en su cara era su maquillaje".

Los escasos como este médico, ven a todas las personas parecidas a ellos, y no son capaces de creer que alguien esté sonriendo y disfrutando de nuevas cosas en su vida.)

La abundancia

Es punzante olvidarnos casi por completo de qué se trata la abundancia, desconociendo la relación entre lo que somos por dentro y lo que obtenemos de afuera, porque la abundancia está firmemente relacionada con la manera como nos hacemos responsables de nuestra evolución interna. No le pediría que se convirtiera en un devoto místico, pero si en un consagrado observador de su propia vida.

(Muy cerca a escasas creencias habita otro mundo: el de la abundancia y la prosperidad. Las personas que habitan allí, se encuentran usualmente en paz y disfrutan de una vida tranquila, colmada de mucha gratitud por todo lo maravilloso que les ocurren; me refiero a todas esas cosas pequeñas que los "escasos" se niegan a ver.)

(Por las calles de la abundancia caminan personas amables y optimistas, que saben que su destino está en sus propias manos y que las verdaderas riquezas están precisamente en donde ellas se encuentran)

(Las relaciones en "abundancia" perduran para siempre. ¿Ha tenido la posibilidad después de muchos años de volver a encontrarse con sus amigos de infancia? Seguramente habrá disfrutado la emoción de las viejas historias compartidas. Estos encuentros nos traen una profunda emoción y un sentimiento de abundancia de afecto y respeto.)

(Mis dos grandes amigos, con quienes compartí mi juventud, un día decidieron partir a los Estados Unidos. Podría decir que en ese instante nuestros lazos se soltaron, sin embargo, el tiempo pasó y nuestra amistad se mantenía; nunca más habíamos podido estar de nuevo los tres reunidos. Hace algunos días y luego de más de veinte años, los tres sin estar realmente programados para ello, estábamos cenando y compartiendo aquellas historias que nos hicieron sentir felices.)

(Las relaciones abundantes de amor y respeto hacen posible lo que las relaciones mezquinas no logran. Quienes habitan en el mundo de la abundancia, saben reconocer la presencia de Dios en sus vidas como verdad. En el mundo de la abundancia no hay culpables por lo que llegue a suceder. La responsabilidad es parte vital de la vida de los que creen en la abundancia. La educación es un verdadero gozo para las personas "abundantes" por eso abren su mente al conocimiento, la enseñanza y el cambio.)

(La abundancia significa mejoramiento en la forma como usted vive y se identifica como alguien plenamente capaz de alcanzar para sí mismo un mejor estado. Hablar de abundancia significa comenzar por un pragmático análisis de nuestra moral, porque la abundancia real es merecida sólo por quienes desde su interior se hacen responsables de vivir enteramente como sus valores así se lo ordenan.)

(Las abundancias inmerecidas suelen traer desgracia y fracaso a quienes han logrado construir imperios sobre la mentira y el desasosiego en otras personas. Revise usted, nada más que por curiosidad cómo los "grandes hombres" que han construido grandes fortunas con base en la oscuridad, el odio y el engaño, tarde o temprano han visto caer sus imperios sobre sus cuerpos desechos.)

(La abundancia que usted puede obtener a través del dinero tendrá que estar seriamente relacionada con la abundancia que usted tenga en su corazón.)

(El hombre escaso no soporta escuchar las verdades que otros podrían decirle, mientras que el ser abundante, reconoce su propia pequeñez, se duele, se resiste a seguir por esa ruta y con valor se decide un día a encontrar su verdad y el nuevo camino. Ahí comienza la abundancia y el nuevo amanecer estalla en el interior del ser humano que ama la libertad de ser lo que merece.)

(El éxito, la abundancia y la prosperidad deberán estar infinitamente relacionados con su forma de ver la vida como una aventura que hay que conquistar. Es punzante olvidarnos casi por completo de qué se trata la abundancia, desconociendo la relación entre lo que somos por dentro y lo que obtenemos de afuera, porque la abundancia está firmemente relacionada con la manera como nos hacemos responsables de nuestra evolución interna. No le pediría que se convirtiera en un devoto místico, pero si en un consagrado observador de su propia vida.)

(Los valores del ser humano son en realidad para muchos tan sólo un tema de orden filosófico y nada más, y por lo general están puestos en la obtención de bienes externos o materiales sin negar por supuesto que estos bienes nos brindan comodidad y placer y son un merecimiento para quienes así un día lo deciden.)

(El exceso de placeres van volviendo áridos los terrenos del alma del individuo, que desesperado debe buscar de nuevo la fuente de su "tranquilidad" con el ánimo de llenar su vacío existencial. Cuando descubre que se encuentra en este vacío y reconoce su oscuridad, comienzan a brillar los pequeños rayos de luz de esa verdad que busca, y entonces, ya habrá puesto en su interior la primera semilla de la abundancia que nace del amor propio y del servicio hacia los demás. Nunca tema estar equivocado si está dirigiendo sus grandes esfuerzos en la labranza de las virtudes de su moral y de su espíritu, que le conducirán a la abundancia material.)

(Cuando usted reconozca que sus acciones son nobles y sanas, comprenderá que habrá desarrollado su principal guía de orientación hacia su magna abundancia y todo lo que comience a cosechar será no solamente merecido sino multiplicado, y el éxito y la realización en su vida se darán en grande para usted y para quienes usted ama.)

(Por supuesto que un estado de abundancia no se obtiene sencillamente con reconocer que se debe cambiar o encontrar un sentido en la vida. La abundancia tiene un alto precio por pagar y sólo los que se mantienen firmes la van a lograr. La determinación y la disciplina, la voluntad férrea y creciente y la convicción profunda, son quizá las mayores herramientas que usted necesitará para adentrarse por esos caminos de la abundancia, porque no será la pereza ni el desmayo los que le ayudarán a fortalecerse en su voluntad de encontrar la ruta para vivir mejor. Adentrarse en usted, trajinar sin duda y cerrar sus oídos a las palabras de los necios, le ayudarán a encontrar las nuevas oportunidades para cosechar los frutos de la abundancia.)

("Un leñador que se encontraba en el bosque cortando madera para poder venderla en el pueblo y así apenas subsistir, un día se dio cuenta que el bosque ya no tenía demasiados árboles por cortar, y los que él mismo había sembrado apenas estaban comenzando a crecer.)

De repente por detrás de uno de los árboles apareció un monje quien gentilmente le saludó y le dijo:

—Hombre bueno, sigue adelante— y volteando su espalda se perdió de nuevo entre los arbustos.

(El leñador intrigado por el consejo del monje, tomó su hacha y decidió caminar más hacia adentro del bosque por donde el monje se había marchado. La sorpresa fue enorme cuando vio que al final de un largo camino, un bosque de inmensos árboles de sándalo le esperaban. Por tratarse de una de las maderasmás finas, el hombre tomó algunos de los árboles y los cortó, obteniendo grandes utilidades.)

(Pasaron algunos días y el leñador quien ya había compartido con los más pobres parte de su ganancia, recordó la voz del monje que le decía 'sigue adelante' y de nuevo tomando su hacha, se dirigió al bosque de sándalo pero en esta ocasión camino más lejos aún. Sus pies muy cansados querían regresar, pero el hombre sabía que adelante podría encontrar un mejor bosque. Luego de recorrer casi cuatro horas de un camino muy difícil, se encontró con una cueva y deseoso de descansar en ella entró cauteloso y se encontró con una impresionante mina de plata. Este increíble descubrimiento en poco tiempo lo hizo un hombre muy rico y parte de su riqueza la compartió con los que más necesitaban.)

(Una mañana al despertarse recordó de nuevo la voz del monje. Tomó entonces su caballo y se dirigió por el mismo camino del bosque de sándalo y de la mina de plata, pero avanzó más y encontró la más impresionante mina de diamantes jamás hallada".)

(Sigue adelante hacia tus propósitos con humildad, valor, decisión y convicción y sabrás cómo la abundancia te está aguardando, porque los que se detienen por lo general van asegurando su propio fracaso mientras que los que se ponen en acción, van fortaleciendo la fuerza de su voluntad, la cual no obstante aunque a veces se niegue a ponerse en acción, se irá por fin acostumbrando a que usted avanza por encima de las piedras o de los aprietos que se encuentran en el camino. La voluntad se educa y es una labor que le corresponde a usted, paso a paso bajo la Ley de la abundancia que comienza en su interior.)

Capítulo Cinco

Brillando con luz propia

La voluntad y la alegría de elegir

Conciencia e identidad

Usted no puede pasar toda su vida arrepintiéndose por haber dejado de hacer lo que tanto quiso. Día tras día y muchas veces, los seres humanos no somos más que la repetición de actos convertidos en hábitos, sin demasiada consulta, sin exponerlos al ¿por qué? y así, pasamos nuestros días como agua tibia bajo el puente de la existencia humana.

Hoy, miles de personas han pasado un día igual, sin preguntarse qué hacen aquí, ni mucho menos qué piensan aportar a la humanidad que los ha recogido como seres humanos llenos de gloria, mientras que ellos deciden ser sólo sombras, sin destino, sin conciencia ni identidad.

Caminan de un lado para otro de lunes a viernes porque los domingos descansan; van a trabajar a lugares en donde son completamente infelices, o peor aún, resuelven simplemente no hacer nada, y entonces se sientan en los parques de su ciudad a ver pasar a otros, muchos de la cuales tampoco saben quiénes son, qué hacen aquí, ni mucho menos qué piensan aportar a la humanidad, que también los ha recogido como seres humanos, llenos de gloria, y entonces ellos también deciden ser sólo sombras, sin destino, sin conciencia ni identidad, sin razones ni emociones, y voltean a mirar con compasión a quienes sentados les miran con misericordia. Qué cosas tan extrañas se viven a veces aquí, en este mundo que sólo anhela ser conquistado por hombres y mujeres valientes y consagrados a la acción.

Sentado hace poco en una sala de espera de un aeropuerto, por esas cosas de la vida terminé hablando con un joven que llegaba a la misma sala en silla de ruedas.

—"¡Yo le conozco a usted!"— me dijo.

Le comenté cual era mi trabajo y el joven me recordó por una conferencia que en alguna oportunidad di en su ciudad y a la cual él asistió. "Qué ironía", me dijo el joven, "el tema central de su conferencia siempre lo recordé pero en el momento en que más necesitaba aplicarlo a mi vida, lo olvidé por completo".

—"¿Qué le sucedió?"— le pregunté con suma prudencia.

"Una tarde me dirigía a mi casa luego de salir de mi oficina y recordé que debía comprar algunas cosas para ese fin de semana terminar de armar un planeador con mis dos hijos, pero me encontré con un par de amigos quienes, sin mucho esfuerzo, me convencieron para ir a tomar un par de copas, que se convirtieron en una jornada casi hasta las cuatro de la mañana. No recuerdo qué pasó, solamente sé que desperté al día siguiente en una clínica, luego de una larga cirugía en mi espalda, de donde me extrajeron una bala que me dejó sentado para siempre en esta silla".

Comprendí entonces sin que él me lo explicara de qué me estaba hablando: conciencia, la voz interior que nos dirige, aunque no siempre le hagamos mucho caso.

La conciencia se fortalece a través de nuestros valores, y por ello, al ser éstos profundas creencias que habitan en lo más recóndito del ser humano, se conectan directamente con nuestros estados de conciencia, que con su suave voz nos habla cuando nuestros actos van en sentido contrario a nuestros valores, es decir, cuando actuamos de manera diferente a lo que en realidad pensamos que debemos ser.

El caso de este hombre que por su incapacidad para decir "no", se deja llevar por sus amigos —que a propósito nunca más volvieron a saludarle— es la muestra clara de que en ese momento, su familia, que según él, era lo más importante en su vida —valor ético social— pasó a un segundo plano, y fueron esa noche más importante sus amigos y su estado inconsciente de locura. Su vida se desbordó esa noche y todo cambió para él.)

Usted no puede pasar toda su vida arrepintiéndose por haber dejado de hacer lo que tanto quiso. Día tras día y muchas veces, no somos más que la repetición de actos convertidos en hábitos, sin demasiada consulta, sin exponerlos al ¿por qué? y así, pasamos nuestros días como agua tibia bajo el puente de la existencia humana.)

(Las grandes conquistas han sido coronadas por hombres y mujeres valientes, llenos de fe y de propósitos, pero sin duda y ante todo, fortalecidos por su inmensa claridad de quienes son.)

La conciencia

Sí, renunciar a muchas de las cosas que son tan sólo actos de un circo es tener coraje, conciencia y responsabilidad, es *ser* uno para encontrar el verdadero camino de la prosperidad y del éxito.

(La conciencia, -del latín *conscientia*,- representa el conocimiento que el ser humano tiene de sí mismo y de sus entornos de vida. No pretendo escribir ningún tratado sobre el tema, y mucho menos abordando un campo tan especializado como es el de la Psicología, pero sí permítame compartir con usted el poder que alcanza a llegar a tener en su vida y en sus decisiones, y cómo la fuerza de la voluntad se puede llegar a ver increíblemente impactada por ella. La conciencia constituye en las personas el llamado "*ser* humano", es decir, alguien como usted que existe y que posee autonomía y una poderosa condición de valor de su existencia y de su identidad. Usted tendrá que vivir intensamente cada instante para traer a su vida los momentos de conciencia, crecimiento y placer que tanto anda buscando y que merece.)

Muy profundamente, dentro de su conciencia, usted deberá descubrir un código o una ley que no se ha impuesto usted a sí mismo, pero que es necesario seguir y respetar. Su conciencia que es "su voz o sentido interno", siempre lo llama al amor y a hacer lo que es bueno, evitando el mal; su voz le habla por dentro en el momento preciso, porque usted tiene en su corazón una ley escrita, un código universal humano, imposible de vivir sin él. Usted ha nacido para alcanzar la prosperidad y para vivir lejos del mundo de aquellos que buscan tan sólo vivir sin ningún ánimo en sus espíritus.

La conciencia desplegada en todo su ancho, dignifica a la raza humana porque ella anda en busca de la verdad y es la verdad la que finalmente le proporcionará a usted el brillo que le ayudará a decidir la mejor ruta que conformará su propio destino.

Por ello, al usted estar alineado de manera adecuada con su voz interior, —sus valores— construirá una vida abundante. La prosperidad creciente —que es la que usted merece— se hará presente en su vida y jamás desaparecerá, cuando usted logre vivir con los principios universales de la verdad, la rectitud y el amor. La formación de su propia conciencia es antes que nada un deber personal que le hará inmensamente feliz, porque usted será eso que tanto añora ser.

Uno de los grandes enemigos de la conciencia es "el ego" el cual hace parte de nuestra vida, inevitablemente. Son y serán miles de veces en las que su voz nos hable —Dios en nuestro interior— pero su enemigo, nuestro ego, sabrá colocar sus dedos dentro de nuestros oídos, le haremos una venia y le invitaremos a pasar al templo en donde habita nuestra conciencia esperando ser escuchada y nada más. Entonces, la fuerza de la voluntad se habrá entregado prisionera a las fuerzas externas que el ego gobierna.

La lucha contra su ejército no es fácil, pero sí es claro que muchas veces lo hemos sabido derrotar contundentemente, gracias a la capacidad para decir "no".

La conciencia es una mezcla de mente y alma. La mente se encarga de alinear la información que posee con la nueva orden que le generamos, y ésta emite un juicio de valor que se produce en segundos. Por ejemplo, usted dice que lo más importante para su vida es su familia y alguien en su trabajo le ofrece la opción de aprobar un contrato para beneficiar a un proveedor.

Seguramente, usted en ese momento sólo piensa en la comisión que se podrá ganar por escribir su firma, y hasta creerá que ese dinero adicional que se ganará beneficiará a su familia, que es lo más importante en su vida. Entonces su conciencia actuará a través de su mente de manera inmediata y simplemente le enviará a usted la información y le recordará que lo que piensa hacer no está bien, porque según la información que usted ha programado en lo que podríamos llamar hoy en términos modernos "su carpeta de principios y valores", no concuerda, es incoherente con lo que usted está pensando hacer.

Entonces usted piensa en las consecuencias que llegaría a afrontar su familia —que es lo más importante para usted— y en ese instante la fuerza de su voluntad aparece como un relámpago en el firmamento y usted se detiene; su conciencia, basado en el valor del amor por su familia y su voluntad férrea y educada le han impedido caer en lo más profundo del abismo.

El alma, que está conectada con su poder superior, le transmite un sentimiento que en muchas ocasiones lleva a la persona a estados de dudas y cuestionamientos, y es ahí el momento en el que el ser humano queda en un estado de indecisión —que no debería existir si escuchara la voz interior de la conciencia— y entonces se pregunta: ¿Dios mío, qué hago? o aún peor: ¡Dios, qué he hecho! Observe que es su alma la que le lleva a mencionar a Dios.)

(Entonces, ahí aparece el ego, rápidamente se manifiesta y le responde al indeciso ser racional. Ya lo que sigue es una historia repetida que seguramente usted conoce en carne propia. Usted es el dueño de su voluntad y decidirá si escucha esa suave voz que le está indicando el camino o simplemente la ignora para siempre.)

(¿Entonces, para qué conciencia? La conciencia en esencia es la que nos da respuesta a dos preguntas que el ser humano se hace, pero millones de veces no sabe o no le interesa responderse: ¿Por qué? y ¿Para qué? Además nos hace más sensibles ante nuestros propios actos, porque nuestra conciencia nos permite disfrutar incluso de las más sencillas e insignificantes cosas que son factibles de estar pasando por nuestra vida, como disfrutar del amanecer en el campo, hasta deleitarnos de nuestro éxito personal.)

(Cuando sus actos se iluminan con la luz de su conciencia, su voluntad le estará permitiendo vivir de manera coherente, y un estado de armonía y profunda paz se harán presentes en su ser.)

(¿Ha conocido a alguien que no solamente ha dicho que la pintura, por ejemplo, le hace muy feliz, sino que dedica espacios de su vida para pintar, o para escribir, o quizá para tocar piano, o tal vez para ayudar a los niños de la calle?)

(Es este un claro ejemplo de cómo éstas personas no simplemente permitieron que su espíritu les indicara lo que para su vida sería gratificante, sino que actuaron con coraje –la palabra coraje viene de la palabra *coraje*, que significa *corazón*; es decir, que escucharon su voz interior y vivieron, latieron y actuaron con suma conciencia.)

⸢La conciencia no mueve, sólo propone, aclara, nos deja en una posición de decidir y ahí se manifiesta el poder de la acción, movido por la voluntad, –potencia del alma, que finalmente es la que determina la ruta que tomaremos. La conciencia invita de forma inmediata a la acción, porque la conciencia es reflexión, es un estado mental que se mezcla con su corazón; pero será la voluntad la que lo hará coherente y capaz de actuar.⸥

⸢Un ejemplo muy común es cuando las personas se trazan increíbles propósitos de cambio en su vida. Con la mano puesta en su corazón, respóndase: ¿Qué cambios reales ha hecho en su vida? Quizás ninguno, quizá tan sólo se ha quedado en arrepentimientos y regresa a sus estados de inconciencia. La conciencia es un estado que tiene que ser alimentado con hechos, no con simples promesas que son inspiradas por la misma tragedia que vive el ser humano, incapaz de adueñarse de su destino por fin un día.⸥

⸢Este tipo de estados de reflexión son solamente luces tenues en el camino oscuro que un ser humano recorre cuando no actúa. Reconocer es una forma de manifestación de la conciencia humana, pero no basta.⸥

⸢¿Le faltó conciencia o sentido interior al científico alemán Robert Oppenheimer[18], líder del equipo de científicos americanos y británicos que en 1939 sabía cómo otros sufrirían

18. J. Robert Oppenheimer (22 de abril de 1904–18 de febrero de 1967) físico estadounidense y director científico del proyecto Manhattan, quien hizo el esfuerzo durante la Segunda Guerra Mundial para ser de los primeros en desarrollar la primera arma nuclear en el Laboratorio Nacional de Los Álamos, en Nuevo México, Estados Unidos. Conocido coloquialmente como "El padre del la bomba atómica", Oppenheimer expresó su pesar por el fallecimiento de víctimas inocentes cuando las bombas nucleares fueron lanzadas contra los japoneses en Hiroshima y Nagasaki. Al terminar la guerra, fue el jefe consultor de la recién creada Comisión de Energía Atómica y utilizó esa posición para apoyar el control internacional de armas atómicas y para oponerse a la carrera armamentista nuclear entre los Estados Unidos y la Unión Soviética. Sus actitudes frecuentemente provocaron la ira de los políticos hasta el punto que en 1954 se le despojó de su nivel de seguridad, perdiendo el acceso a los documentos militares secretos de su país. Poco a poco, su capacidad de influir fue disminuyendo, pero continuó dando charlas y trabajando en la Física.

al hacer estallar su temible invento: la bomba atómica? No lo creo, él lo tenía que comprender, que presentir, porque el presentimiento es una forma de manifestación que se agita por dentro y que algunos llaman intuición, pero pudo más su lado oscuro que la voz que le gritó seguramente una verdad universal y que él se negó a escuchar.)

(Es muy sencillo, ahora mismo sólo usted sabe que algo está ocurriendo en su interior y posiblemente este sentimiento desata dentro de su ser un permanente estado de frustración. Seguramente ha escuchado dentro de sí que eso que está usted haciendo todos los días no le deja pleno al llegar la noche o quizá, que ha llegado la hora de dejar de disimular ante los demás y comenzar a actuar tal y como quisiera)

(La inconciencia primero fue planteada por Sigmund Freud, que abrió el campo a lo que llamó "lo inconsciente" o el inconsciente, a fines del siglo XIX y comienzos del siglo XX, lo que simbolizó un desvío sobre el discurso científico que se venía desarrollando. Para Freud, la actividad inconsciente determina la conducta de los individuos tanto o más que las ideas concientes, y estas ideas inconscientes a su vez están compuestas por las experiencias infantiles)

(Cuando éstas producen herida o lo que usualmente se conoce como traumas, la conciencia se encarga de enterrarlas en el inconsciente y desde allí, de forma permanente, siguen interviniendo en la conducta.)

(Para explorar el inconsciente, Freud desarrolló el método llamado Psicoanálisis. Esa exploración tenía al mismo tiempo dos objetivos: el autoconocimiento y el alivio o curación de trastornos de conducta e incluso de patologías mentales severas.)

(Esto desde el campo de la Psiquiatría parece algo difícil de entender y mucho más cuando esta escuela freudiana no tuvo mucho eco en la cultura norteamericana en donde tuvo mayor éxito el llamado Conductismo, creado por John Watson, quien afirma que el ser humano sería más fácil de entender, no desde su conciencia sino desde su conducta. La conciencia es la reflexión del sentido interno que decide, según los principios de la fe, (el alma) y la razón, (el intelecto) si una acción es buena o es mala.)

(Conozco profesores que año tras año y así por mucho tiempo, repiten su mismo discurso a los alumnos; dan los mismos ejemplos, cuentan las mismas historias, plantean los mismos problemas; de esta forma, usan su información repetidamente y esto les hace inconscientes del daño que producen a sus alumnos, que terminan creyendo que su profesor es un gran maestro por los años que lleva repitiendo siempre lo mismo; es decir, su conocimiento no es propio, es un conocimiento prestado, quizá nunca este profesor ha ido más allá de leer textos escritos por otros. La mente suele estar puesta en el pasado y en el futuro, pero cuando usted ponga su mente en el presente, las flores serán más bellas y el viento más suave.)

(La grandeza y el éxito se deben disfrutar con la mente puesta en el hoy aunque también esté conectada con la visión hacia el futuro. Disfrutar de sus éxitos actuales y llenar su corazón de ese estado de logro es una forma de ejercitar la conciencia. Tomar las manos de sus hijos y besarlas es tener su mente en el presente y esto es tener conciencia del amor por sus hijos. Salir a trabajar y pensar que ese instante presente le estará llevando a un futuro por venir grandioso, es otra manera de educar su conciencia. Disfrute el instante, el ahora y sentirá la gracia de poder estar lleno de la emoción por conquistar nuevos destinos para su vida y de esta forma ira educando su voluntad a través del ejercicio de tener claridad de la razón que concientemente por la cual usted se ha puesto en acción.)

(Cuando usted reconozca que sí es posible producir cambios en su vida y que lo que ahora está viviendo no merece vivirlo más, entonces su mente conciente le hará sentir algo en su interior: algunas personas sentirán la nostalgia de no haberse puesto en marcha, mientras que otras se darán la orden y en su vida comenzarán a pasar cosas increíbles.)

(Si usted está buscando nuevos caminos, deténgase un momento porque seguramente ya podría estar pisando ese sendero que busca. Si ha decidido encontrar nuevas maneras de vivir y ha dado el primer paso, por pequeño que parezca, ha comenzado a disfrutar de su conciencia y su voluntad se ha puesto en marcha)

(Comience a estar más atento y vigilante hasta de las palabras que menciona, porque si éstas son como espigas secas en el desierto, su mente las irá guardando como si fueran frutos valiosos, y cuando venga el momento en el que usted abra el baúl de su mente, en lugar de frutos frescos y dulces, es posible que salgan gusanos que se alimentan de su manera de hablar y de pensar. Tenga cuidado, cada palabra es una semilla por la que usted tendrá que responder.)

(Su conciencia ahora mismo le estará reafirmando que el primer paso que ha dado es el que le llevará a la gloria y a la libertad del mundo medianamente feliz en el que posiblemente estaría viviendo, pero recuerde que su nuevo camino lo podría tener frente a usted y es probable que sus miedos hayan debilitado su fuerza mental, agobiando su conciencia.)

("Cuando la noche caía en una lejana aldea de pastores, uno de ellos comenzó a dirigir el rebaño hacia el establo y empezó a contar sus ovejas pero descubrió que le faltaba la más grande. Corrió por el bosque desesperadamente y ya, fatigado, se sentó a llorar desconsolado en una roca hasta el amanecer. Cuando el sol se ponía en el horizonte, un hombre pasó muy cerca del pastor y extrañado le preguntó:)

—"Buen hombre, ¿Qué hace usted llorando con tanto dolor y por qué lleva esa oveja tan grande sobre su cabeza?"

(Debemos detenernos un instante ahora mismo y dejar que nuestra conciencia nos muestre la grandeza que tenemos por dentro, porque a veces creemos que ésta sólo la llevan los demás y nosotros no. Ponga su mente en el "ahora" y sabrá cómo estará edificado su futuro.)

La identidad

Para nuestra época, la constante es pensar y sentir como una masa medianamente capaz de romper con su propia mediocridad de vivir sin anhelos y con muy bajas intenciones de cambiar su pobre destino. El hombre tendrá que buscar en su propia identidad, y únicamente logrará hacerlo cuando decida abandonar para siempre el lugar conocido que ya no le trae frutos dulces.

(La tristeza, la angustia y la soledad, todas estas emociones han sido aprendidas en el medio en donde usted se ha desarrollado. Por ejemplo, usted podría ahora mismo quedar pegado al techo si debajo de su silla apareciera una víbora, ¿verdad? Seguramente, tanto usted como yo, nos hemos desarrollado en un ambiente citadino y a este tipo de animal lo consideramos una amenaza letal. Esta misma situación para un niño que ha crecido en la selva sería sólo un acontecimiento diario normal que sabría manejar de la mejor manera; no pasaría lo mismo si este niño es colocado frente a unas escaleras eléctricas por primera vez en cualquier inmenso almacén de una de las grandes capitales del mundo.)

(Poco a poco, usted ha ido diseñando un sistema de identidad que le da "piso" a sus emociones. Es como si se lanzara todos los días al océano de la vida, pero sujetado al muelle de sus creencias. Cuando alguien le propone algo nuevo, esto le amenaza y usted tira de su propia soga para regresar a su orilla, que es en donde se siente seguro.)

(Claro, el lugar más tranquilo para una embarcación es el puerto, pero ésta no ha sido creada para estar allí; tampoco el ser humano debe permanecer mucho tiempo atado al puerto de sus viejas creencias porque los grandes proyectos por conquistar están adelante.)

(Poco a poco, sus creencias, sus miedos, sus angustias y hasta sus sueños, conforman su propio ser, o lo que hoy es usted. Es increíble seguir encontrando personas en nuestro camino que se han convertido en jueces de las emociones de otra gente. ¿Por qué se siente mal si eso no vale la pena? suelen preguntarle a los demás, como si la pena que sufre el otro no tuviera sentido?)

(La identidad se manifiesta en usted muy comúnmente cuando brota como pozo sin fondo la corriente interna de la confianza. La confianza en sí mismo brota de su interior, de saber que es realmente libre de creencias que pesan demasiado y que suelen ser puestas por otros; su confianza le da fuerza para actuar y sacar adelante sus visiones, la confianza de cada individuo es su mejor propiedad, porque de ella emana su fe y su optimismo.)

(Su confianza brota de su ser, no del ser de su jefe, su esposa, su vecino o sus mejores amigos. La identidad es el pasaporte para sentir confianza en sí mismo. Usted sabe cuánto daño llegaría a producir la pérdida de su propia confianza, pero usted también sabe lo que se siente cuando su corazón vuelve a inspirarse y a fortalecer el músculo de la voluntad.)

(La confianza es como un dínamo del espíritu humano que le empuja a conquistar nuevas tierras, a trazarse nuevos planes y a esperar nuevos triunfos, pero éste tendrá que estar "engrasado" por sus buenos ideales, sus valores y sus acciones coherentes.)

"Le contaron a un hombre que muy lejos existía el gran maestro de la confianza. Sin dudarlo, se fue en busca de su 'salvador', el hombre que tenía el secreto para despertar la confianza en los seres humanos. Luego de recorrer muchas montañas, al fin lo halló, sentado, meditando. ¿Me puedes ayudar? le preguntó el hombre confundido, al maestro. —Necesito de ti, me han dicho que tienes el poder de devolver la confianza perdida en las personas. ¿Qué debo hacer?

Nada joven —le respondió— sencillamente confía en mí. Esa fue la respuesta certera del maestro, quien luego se levantó y se internó en una cueva.

El hombre le siguió en silencio para no molestarle, y esa noche durmió a los pies de su nuevo maestro. Muy temprano, éste despertó y le recordó a su discípulo que cuando sintiera miedo, pensara en el nombre de su maestro, porque este le llenaría de confianza.

Esa tarde el hombre se acercó a la orilla de un inmenso lago y dando varios pasos comenzó a caminar por encima del agua. Al regresar de nuevo a la orilla, el maestro lo recibió sorprendido. ¿Cómo lo has hecho? —le preguntó a su discípulo. 'Pensé en tu nombre', le respondió el hombre.

Bien, ahora sube hasta aquella montaña y lánzate, —le pidió el maestro—. El hombre subió, pensó en el nombre de su maestro y se lanzó; el maestro corrió a verlo, esperando encontrarlo destrozado contra las rocas de la gigantesca montaña, pero al llegar, su discípulo ya estaba meditando.

Entonces el maestro se dio media vuelta y se dirigió al lago, se descalzó y se internó en él, pero al dar los primeros pasos, se hundió. Su discípulo corrió a salvarle. En la orilla, el maestro todavía recuperándose le habló al hombre: Tú eres el maestro, no yo. Yo solamente he mentido toda mi vida, no tengo identidad, y nada más he engañado a quienes han querido encontrar en mí su propia confianza.

(El hombre, sorprendido, le preguntó al maestro: ¿Por qué entonces pude caminar sobre el agua cuando pronuncié tu nombre? ¿Por qué me lancé desde la cumbre de la montaña y casi volé como las águilas hasta llegar al suelo? ¿No fue acaso tu nombre?)

(El maestro le miró a los ojos y le respondió: No, no ha sido mi nombre, fue tu fe, no ha sido mi sabiduría, fue tu confianza la que te dio el poder, ahora eres lo que tú buscabas y yo seguiré siendo lo que siempre fui".)

(La identidad es poderosa, pero usted debe reconocer que ésta se pierde muchas veces a muy temprana edad cuando nos diseñan en la sociedad los héroes, los ídolos, los hombres superiores, los guerreros indestructibles, las muñecas perfectas, la figura ideal, el saber necesario.)

(En fin, poco a poco la sociedad nos va moldeando a su antojo, y lentamente el molde de nuestra verdadera identidad se rompe, para que otros lo armen como quieran.)

(El ser humano tiende a esconderse detrás de la máscara, como lo hacían en los antiguos carnavales de Venecia, cuando el pueblo y su realeza una vez al año se entretejían, dejando salir del cuerpo el vendaval que guardaban para esta época. Cuando terminaban los carnavales, nada había pasado, todos volvían a sus oficios de sirvientes o cortesanos. Así parece que el mundo aún marcha. "Compra tu máscara y lánzate a conquistar el mundo" Por eso, millones de personas se encuentran verdaderamente infelices, sencillamente porque no están haciendo lo que en realidad les gustaría hacer.)

(El verdadero fracaso es consecuencia de hacer las cosas sin amor, de actuar sin sentido y de quedarnos la vida entera añorando un mejor vivir para nosotros y nuestras familias, pero enterrados en el fango del miedo y la conformidad.)

(En una de mis presentaciones pregunté al auditorio quién desearía volver a ser lo que un día fue. Un hombre levantó su mano con valor y respondió de inmediato: "Quisiera volver a ser el padre amoroso que fui con mi hijo y le diría ahora mismo cuánto lo amo".)

Yo me acerqué a él y le pregunté: "¿Y en dónde está su hijo?"

(—"Aquí a mi lado", me respondió mientras se volteaba hacia él y lo abrazaba dándole un beso. El auditorio se estremeció, mientras que este valiente hombre y su hijo recuperaban el amor que habitaba en silencio en sus corazones y volvieron a ser lo que fueron un día.)

(Qué maravilla cómo el ser humano rompe a veces su careta y comienza a ser lo que en realidad su voz interior le dicta. Usted seguramente ha conocido a muchas personas que habitaban el mundo del fracaso y la vida medianamente aceptable. De repente, estallaron como volcanes y hoy los mira con profundo respeto y admiración, y con el deseo en su corazón de imitarles en su coraje y en su voluntad.)

Si ya ha comenzado a marchar hacia su propósito, no se detenga; si aún lo sigue pensando, mire hacia adelante y verá ejércitos completos de personas que un día finalmente y luego de no soportar más la pesada carga que es la de las añoranzas sin acciones, se embarcaron en una de las más gloriosas campañas que cualquiera llegaría a pensar: conquistarse por encima del miedo y del pasado. ¿A qué juega? ¿Acaso sólo desea sorprender a los demás? ¿Por qué no decide de una vez por todas sorprenderse a usted mismo?

(Para nuestra época, la constante es pensar y sentir como una masa medianamente capaz de romper con su propia mediocridad de vivir sin anhelos.

Se necesitan individuos conscientes, capaces de reconocerse como seres vivos, llenos de gracia, con sentido profundo hacia la recuperación de la identidad y hacia la severa destrucción de la máscara que en realidad oculta a alguien deseoso de ser escuchado, respetado y absolutamente libre de ser un infeliz, envidioso o autómata.

¿Quién va a elegir por usted para encontrar su propia identidad? ¿Su pareja o sus hijos? ¿Sus gobernantes o sus líderes espirituales? ¿Su psiquiatra? No me responda porque posiblemente sea muy doloroso para usted; sólo decida en manos de quién ha puesto su propio destino.

Sin duda, la libertad de su espíritu, nacerá de la libertad que usted mismo se conceda en su propia mente. No hay mayor y más dolorosa esclavitud que aquella que el mismo ser humano se aplica desde las profundidades de su mente, perdiendo su identidad, su sentir interno y su absoluta capacidad de participar como un ser individual, aunque haga parte de un grupo llamado sociedad.

El gran desafío del hombre del nuevo siglo, será saber encontrar la razón que le dé identidad y clara dirección a su vida. El hombre de este nuevo tiempo tendrá que cosechar nobles virtudes y grandes valores para soportar la tentación de abandonar el propósito mayor de alcanzar su madurez moral y su prosperidad material y espiritual, renunciando a la autocompasión, la autoindulgencia y la pobreza interior que abunda, reconociendo de una vez por todas el valor de vivir por sí mismo y la responsabilidad de educar paso a paso su propia voluntad.

Si usted anda buscando el éxito, será mejor que cierre sus ojos y mire hacia adentro, porque eso que está buscando habita en usted desde siempre; continuamente ha permanecido en usted y siempre permanecerá y sólo tendrá que verse como un ser poderosamente capaz de avanzar hacia sus metas o de quedarse solamente anhelando su mejor día por venir.

La vida es una constante elección que usted toma y a través de la cual se hace grande por medio de las pequeñas cosas que tendrá que conquistar diariamente.

Capítulo Seis

Las razones para conquistarnos

La voluntad que empuja

La vida puesta en acción

¿Cuánto tiempo pretende continuar pensando acerca de su destino? Basta ya, deje de meditar por un momento y comience a moverse, porque cuando uno se pone en acción, todas las fuerzas del universo se juntan para bien de nuestros propósitos.

"Mañana" o "Algún día" son las expresiones más comunes de quienes no se atreven a actuar o a abandonar su placentera zona de comodidad mental en la cual habitan hace mucho tiempo. Qué gran cantidad de "Lázaros" los que habitan en nuestro tiempo, esperando que otro hombre les de la orden de actuar y seguir viviendo. Muchas veces el hombre cae en penumbra y es cierto que la luz de otros se convierte en el lazo que lo arrastra de nuevo a la superficie, pero parece que también hay miles de personas que prefieren que otros sientan lástima por ellas, aún sabiendo que su potencia en el alma, llamada voluntad, podría sacarles del abismo; sin embargo para ellas seguirá siendo más cómodo que otros oren, trabajen y vivan por ellos.

La mayoría de las personas abren sus velas y comienzan a suplicar que los conduzcan los mejores vientos a mejores destinos. Inmóviles, simplemente saben esperar que algo bueno en sus vidas suceda, pero si miran con frialdad, nunca han hecho otra cosa distinta a esperar sin acción. Muchas de estas personas saben que su voluntad es débil y que sólo con pensar en tener que abandonar los viejos estados de comodidad, se hacen más vulnerables a las fuerzas externas que terminan diciéndoles cuál será su destino.

Por lo general, somos de una voluntad penosamente débil y por ello únicamente pensamos en las formas fáciles que no nos exijan sacrificio, trabajo y férrea disciplina, terminando por aceptar muchas veces que es mejor ser un soñador cobarde, que abandonar esa zona de comodidad.

Nos levantamos siempre pensando que lo mejor está por venir, pero andamos buscando el camino más corto para llegar allá.

Hoy todo es rápido. Aprenda lo que no pudo aprender en cinco años, en uno; gradúese en seis meses; hable otro idioma en tres meses y así, poco a poco, muchos se inventarán nuevos negocios para vivir de aquellos que necesitan lograr en pocos días lo que no han sido capaces de conseguir con años de trabajo, disciplina, entrega y amor.

Los débiles de voluntad y carácter que desean encontrar el paraíso eterno sin obras y aunque un sinónimo de la vida es "acción", quieren la vida fácil. También es bueno saber que las acciones fáciles no son reconocidas siempre como las mejores.

Usted hoy probablemente está pensando en lograr "por fin" el hecho de tener el control de su vida financiera o quizá de encontrar el espacio justo para pasar más tiempo con su familia, y entonces decide hacer parte de un grupo de personas que, al igual que usted, se hartaron de pasar la vida soñando. Para ello, lo primero que usted desató fue su emocionante intención de cambio, pero ahí apenas está comenzando su gran obra. Vendrán sobre su puerto vientos huracanados que querrán echarle al piso cada una de sus buenas intenciones, y entonces, las acciones serían tan sólo un dolor más para guardar en su alma.

Vendrá lo más difícil en la batalla por lograr un cambio en su vida, y la conquista de su prosperidad le exigirá recia voluntad, porque la gloria es para los valientes. Caerán por el camino hacia su gran propósito, avalanchas de críticas, consejos de "viejos sabios" que jamás hicieron muchas cosas con su vida, pero que por alguna razón enseñan a educar hijos cuando no los tienen, a salvar matrimonios sin estar casados, o a encontrar las respuestas profundas de la vida sin saber siquiera por qué ellos mismos existen.

Viejos pensadores que se han pasado "reflexionando" sobre la existencia de Dios y del hombre, pero jamás se han puesto en acción como, seguramente, alguna vez usted lo ha hecho.

Comparto los tiempos de reflexión, los días de silencio y soledad profunda en donde a veces pareciera que nos ahogamos en las mil preguntas, pero de nada servirá tanto "pensar" sin actuar. Su vida no debe estar siempre marchando a merced del destino, y aunque no siempre alcanzamos a ver los puertos en donde atracaremos, el poder de la visión esperanzadora que usted quiere describir para su vida, se convertirá en la fuerza vital y determinante para sentir que ha tomado el control de su existencia.

Acción, acción, acción es lo que miles de hombres y mujeres valientes y rebeldes ante las situaciones monótonas, han incorporado a su vida. Atrás han dejado en las arenas del desierto a muchos seres que se sentaron a esperar la caravana que vendría a darles de beber. Levantaron sus toldos en donde dormían y se refugiaban del calor que les cocinaba, y se fueron a buscar la fuente que les calmará para siempre su sed. ¿Con miedo? Por supuesto, pero resueltos a dejar incluso los mapas para que otros los usen, convirtiéndose en líderes, faros, soberanos, ejemplos de lo que significa vivir y actuar.

La voluntad es la fuerza con la que el alma se impregna; el carácter, es la huella que el ser humano deja a través de sus actos y su moral; por ello, es de moral y de voluntad, de carácter y de visión de lo que están hechos los líderes en la historia de la humanidad.

Usted podrá pensar en este momento que su vida siempre ha estado en movimiento, pero a la vez estar sintiendo en lo más profundo de su existencia que nada extraordinario ha pasado. Vemos a muchas personas que durante años no "se detuvieron" pero que, al final de sus vidas, no les queda nada más por recordar sino sus más grandes esfuerzos hechos polvo de arena.

Cómo lamento ver a tantos que sólo trabajaron para apenas subsistir, y al final, solos y profundamente tristes no les queda más que añorar lo que quisieron ser. En muchas ocasiones los mismos sistemas sociales se han encargado de convertir a estas personas en víctimas, pero también, muchos están recogiendo lo que ellos mismos sembraron en su pasado.

La vida es acción, pero debemos encontrarle un fino propósito bajo un destino claro, para que no sea simplemente un movimiento sin rumbo, porque de lo contrario, usted sería como una bella mariposa que vi en una playa mientras caminaba; ésta venía de unos jardines cercanos y revoloteó por encima de mi cabeza por algunos minutos; de repente, se internó sobre la mar azul como si no supiese que esa decisión acabaría con su vida. La vi alejarse alegre por encima de las olas, pero su vuelo seguramente terminaría dejándola a merced de la mar enfurecida. Saber volar no es suficiente si no se tiene claro el camino y el destino.

Estoy profundamente convencido de la importancia que tiene el hecho de poseer una visión alentadora. Esta visión, más allá de cómo usted decide definirla, es el combustible que hace que sus ideales se muevan hacia la acción, sin la cual no hay liderazgo y sin liderazgo, la vida misma es como movernos en una embarcación con un sólo remo; giraremos en un mismo punto día tras día para siempre.

La voluntad para cambiar algunas situaciones, le salvará definitivamente de las garras aterradoras de una vida mediocre. El ser humano no ha sido creado para otra cosa más que para conquistarse, prosperar, levantarse, aprender, trascender, avanzar incluso desde la adversidad como tantos y tantos seres humanos lo han hecho.

¿Cómo no mencionar a Christopher Reeve, sin demeritar a tantos otros que han sabido entender que realmente se vive cuando se asume la vida con valentía? Más allá de haber protagonizado a Superman, el héroe universal, en sus años finales se supo comportar como un verdadero 'Superman'. Reeve se formó en la Escuela de Arte Dramático de Juilliard, en el estado de Nueva York, y luego de alcanzar una gran fortuna, su destino cambió para siempre. En mayo de 1995, cuando montaba en su caballo Back en el campo de equitación de Culpeper, en Virginia, el animal repentinamente frenó antes de dar un salto y Reeve salió disparado por los aires cayendo de manera brutal, fracturándose la primera y segunda vértebras. A las tres de la tarde de este día de mayo, se acabó la carrera de uno de los más queridos actores de Hollywood y comenzó la lucha verdadera del hombre apasionado por vivir.

Los médicos dieron su parte: jamás volvería a caminar y sus funciones más importantes estarían limitadas por un respirador. El héroe que salvaba al mundo de la destrucción ahora tenía que convertirse en su propio salvador.

Comienza entonces la lucha por vivir porque como un día él mismo lo dijo: "Debo aceptar que cuando me despierto en las mañanas, tengo que superar el dolor de no ser capaz de moverme" La buena "fe" de los médicos y familiares le llevaban un aire de esperanza recordándole que el mejor amigo del hombre para curarse era el tiempo. Sin embargo, las cosas en este caso eran diferentes, porque en la medida que pasaban los días, 'Superman' se hacía cada vez más débil, no sólo en su mente sino también en su cuerpo.

La esperanza del héroe se pulverizaba día tras día y la pena de tener que cargar con el peso de su desgracia lo empujaba cada vez más al abismo: aún así, la misma esperanza desde sus más lejanos rincones, le lanzaba de vez en cuando un lazo salvador para que Reeve se atara a él y no se hundiera.

La vida puesta en acción es lo que lleva al héroe de las películas a vivir como un héroe en la realidad, porque la esperanza cuando se pierde, hay que buscarla muy adentro y esto fue lo que este hombre comprometido con vivir comprendió un día.

Reeve se internó en su propia desventura y finalmente aceptó que sólo tenía dos cosas por hacer: entregarse o luchar, y como un súperhombre eligió la segunda, partiendo por la aceptación de que tendría que vivir el resto de sus días atado a una silla.

Este hombre, dueño de su destino, que necesitaba hasta seis horas diarias para llegar a desarrollar las actividades básicas como ir a la cama, lavar su cuerpo, levantarse, vestirse, etc., terminó siendo el vicepresidente de la *National Organization for the Disabled* y presidente de la Fundación Christopher Reeve.

En 1997 logró cinco nominaciones a los premio Emmy como director de la película *Al caer la noche* y en 1998 ganó el premio como mejor actor en la serie *La ventana indiscreta*.

Por supuesto que ni usted ni yo tendríamos que vivir esta tragedia para entender que en la voluntad Reeve encontró su salvación. Sus últimos días seguramente fueron tan dolorosos como los primeros, pero al morir dejó claro al mundo que la vida es una elección que todos alguna vez tenemos que tomar.

Desde la lógica más simple, la vida tiene obstáculos, pero en el mismo momento en que usted decide romper su historia y comenzar a construir un nuevo rumbo, los obstáculos se hacen menos fuertes; pero recuerde que no van a desaparecer jamás.

Vamos, no pierda su ánimo porque el éxito comienza cuando usted da todo por avanzar y comienza a vivir conforme a sus propios valores. El tiempo real es hoy y aunque soy un defensor del pensamiento hacia el futuro, hoy es el tiempo para que usted actúe. No siga deseando ni se quede viendo por la ventanilla de la desazón cómo otros van dando pasos lentos y firmes hacia la cumbre. La vida es para titanes y los cobardes y conformistas se quedan esperando que ahí mismo en donde están, sean enterrados.

¿Qué piensa hacer ahora? Es una pregunta fácil, pero la respuesta es difícil.

Usted puede ahora mismo decidir y comenzar a actuar, o esperar a que otros sigan administrando su vida. Rompa de una vez por todas las rutinas que no le hacen bien a su vida, y ahora mismo ponga un grito de libertad en su interior y dé decidida consagración con la eficiencia y los resultados sobresalientes. Vamos, únase a la legión de los que renunciaron un día a la vida mediocre y no se detenga por nada del mundo hasta que usted logre sus objetivos; recuérdelo, no es fácil, pero es inmensamente gratificante, y mañana usted podrá levantar su cabeza para decir: "La vida es acción, no sólo reflexión".

¿Cuánto tiempo pretende continuar pensando acerca de su destino? Basta ya, deje de meditar por un momento y comience a moverse, porque cuando uno se pone en acción, todas las fuerzas del universo se unen para bien de nuestros propósitos.

Ponerse en movimiento no será tampoco suficiente porque usted tendrá que aplicar una gran dosis de perseverancia; los desánimos pesan mucho en la carrera hacia la victoria. Insistir, esperar, insistir... parecería que fuera la fórmula del éxito de miles y miles de hombres y mujeres que incluso, desde la adversidad, se adueñaron de su destino.

Firmeza, tenacidad, claridad de propósito, disciplina, sentido y amor por lo que hacemos, son tan sólo algunos de los valores que debemos llevar claramente en nuestro caminar hacia el futuro. A veces pretendemos que los éxitos de nuestras batallas se den tan rápido como quisiéramos, pero la verdadera prueba de nuestra templanza y tenacidad con frecuencia se da sólo con el transcurrir del tiempo.

"Una mujer luego de asistir a un concierto se percató que un diamante que llevaba en su cuello se había desprendido de su cadena. Rápidamente corrió a llamar al encargado de la sala.

—Señor, anoche estuve en su sala y creo que allí perdí un diamante— fue lo que ella bastante angustiada le dijo al director del recinto.

Las personas del aseo no me han entregado nada —le respondió el hombre— sin embargo, espere un momento que yo mismo me encargaré de revisar. No cuelgue, le pidió a la mujer.

El director de la sala bajó desde su oficina al teatro y se dirigió a la silla que la mujer le había indicado; se tardó bastante revisando por todos los rincones, y cuando ya se disponía a subir de nuevo a su oficina, detrás de una de las patas de la silla en donde la mujer le dijo que se había sentado la noche anterior, estaba la piedra preciosa.

Gratamente sorprendido, el hombre corrió hacia el teléfono para informarle a la mujer que la había encontrado, pero mayor fue la sorpresa cuando descubrió que la mujer ya había colgado y jamás volvió a llamar.

Antes de ser subastado para una obra benéfica, el diamante duró guardado en la caja fuerte del teatro casi un año; incluso se publicaron varios anuncios de prensa, pero la mujer jamás volvió a llamar ni tampoco regresó al teatro".

Así le ha pasado a cientos de personas que intentan conseguir la joya de sus propósitos con un sólo intento y por no "soportar" un tiempo más, abandonan y fracasan en sus intentos de encontrar el camino que les conducirá a un mejor destino. El diamante se forma a través del tiempo, hora tras hora y jamás se detiene hasta obtener el más puro de sus brillos.

En esta carrera contra el tiempo que a veces es la vida, no hay garantía alguna de que nuestros esfuerzos y perseverancia nos conducirán siempre a la victoria, porque como afirmaba al principio del libro, el fracaso y el miedo son una amenaza que siempre estarán acechando; pero nunca olvide que no habrá peor fracaso que quedarnos anhelando un cambio y ver que los años pasan sin que actuemos.

Observe usted a tantas personas que nos han demostrado de qué está hecha la fuerza del espíritu humano. En todas ellas se ha puesto en movimiento el músculo más poderoso que el ser humano posee: la voluntad.

Pienso que como si se tratara de uno de los músculos de nuestro cuerpo, la voluntad tiene que fortalecerse y acostumbrarse a la resistencia. La única manera de llevar un músculo del cuerpo a su mejor estado de fuerza es a través de la disciplina, la repetición e incluso del sacrificio doloroso a través de la tensión. Seguramente usted ha disfrutado de la interpretación de un piano de concierto. Sus cuerdas pueden llevar al espíritu humano a las más elevadas cumbres de la emoción y la dicha. Sin embargo, este sonido, a veces celestial, tiene además del talento y la entrega del artista, una razón que comparo con la voluntad en el ser humano.

Las 243 cuerdas que componen un piano de concierto, para que logre sonar así, están soportando una tensión de 18.840 kilos; sin esa tensión, los sonidos preciosos que escuchamos no sonarían jamás de esa forma. La tensión es necesaria muchas veces para convertir nuestros talentos en grandes obras. Un espíritu desafinado sólo genera desaliento, desesperanza y un profundo sentido de abandono.

Sólo conozco una forma de fortalecer la voluntad: actuar sin descanso, repetidamente, sin queja y con verdadero sentido en las acciones que emprendemos. No hay otra manera de lograr que su voluntad se fortalezca. Si usted no actúa, su voluntad se atrofiará y entre más tiempo deje de actuar, más sufrirá de una voluntad débil que se fracturará con las mínimas presiones del mundo externo que sabe apretar con dureza a los débiles y a los que pasan su vida ambicionando mejores tiempos sin hacer nada por lograr lo que se han propuesto.

Podría sucederle a usted con su voluntad algo similar a lo que un día me ocurrió a mí con mi pierna izquierda. Luego de una lesión en la rodilla, pasé casi dos meses con la pierna inmóvil. Cuando la lesión en mi rótula se fue mejorando, quise ponerme de pie pero los músculos de mi pierna estaban completamente atrofiados. Podrá usted imaginarse cuánto dolor se siente intentando llevar la pierna a su posición normal. Así mismo veo a la voluntad en el ser humano; sólo basta con que dejemos de hacer las cosas que necesitamos hacer para que cuando queramos movernos tengamos una "parálisis" en nuestra voluntad. No será entonces suficiente con que usted desee lograr grandes y mejores cosas; su voluntad se ha desacostumbrado a la acción y entonces le costará mucho esfuerzo volver a ponerse en movimiento.

Si usted está ahora mismo dando el primer paso, muévase de inmediato para dar el segundo, no se detenga ni permita que los demás, esos que están quedando atrás, le frenen con las cadenas del desánimo y la pérdida del sentido. Atrás quedarán aquellos que no han creído en usted, pero adelante marchan los que como usted se adueñaron de sus propósitos y comenzaron la conquista de un nuevo mundo. Sin embargo, si todo esto fuera tan fácil, hasta el más mediocre de todos lograría colocar su bandera tejida con su consternación e incredulidad en la cumbre de sus sueños.

La batalla por nuestra conquista se va a hacer muy dura cuando marchamos solos por los campos desolados en donde abundan el cansancio y el desaliento. El poder de la voluntad aunque nos pone en marcha, se fortalece cuando estamos vinculados a otras personas que nos transmitan el coraje y la tenacidad suficientes para llenarnos de ejemplo.

Lanzarnos al océano profundo de la aventura por vivir y de la conquista de nuestra autenticidad, requiere de individuos que nos brinden su palabra en los instantes en los que sentimos que las olas golpean con mayor fuerza, y su ejemplo será como la antorcha que necesitamos para alumbrar los caminos oscuros por donde tendremos que pasar.

No me refiero a encontrar en el sentido de ellas nuestro propósito, me refiero a encontrar ejemplo e inspiración en sus acciones, para demostrarnos a nosotros mismos que sí es posible vivir diferente a aquellos que se quedan enterrados en las arenas movedizas de lo conocido, lo establecido y lo tradicional.

Se necesita fortaleza, pero recuerde que ésta, como un manantial profundo de agua, surgirá tan sólo del sentido que su esfuerzo tenga y nada más. Sin sentido no habrá motivo para emprender semejante aventura en donde la adversidad en ocasiones es la dueña de las inmensas estepas por donde tendremos que pasar algunas veces en nuestro viaje antes de coronar nuestra meta.

Aún así, esta batalla no es obligatoria. Usted no necesita arriesgar lo conocido ni vivir días de incertidumbre y miedo, de soledad y desaliento. No, esta búsqueda no es una ley que Dios ordenó al ser humano para alcanzar su agrado. Usted podría retornar ya mismo a su viejo sillón en donde anida con sus añejas creencias y permanecer allí hasta que la sangre ya no circule por sus venas. Podría ver pasar sus días colmado de nostalgias y de viejos deseos que jamás convirtió en necesidades, porque jamás se exigió nada diferente. No está obligado a romper en pedazos el molde de sus creencias actuales, y podría seguir viviendo bajo sus viejas razones. No se condenará, no será por ello alguien indigno y despreciable. Podrá seguir siendo amado y respetado por sus seres queridos, aunque no haya sido ejemplo de coraje para ellos, pero eso no lo hace menos ser humano. La vida sólo propone y usted dispone.

Pero si usted decide soltar sus velas y adentrarse al nuevo mundo, le aseguro que algo extraño y nuevo sentirá. Tendría que decirle que es una mezcla de orgullo y de conquista, de lucha y de victoria. Le aseguro que al final, en su inventario tendrá un inmenso valor en sus activos, y los seres que rodean su corazón sentirán que a nuestro planeta no hemos venido solamente para darles a los científicos la razón de que somos la evolución de los simios.

La vida puesta en acción le dispondrá a usted para resistir antes los deseos de abandonar, y su verdadera grandeza se manifestará cuando sepa que está haciendo lo correcto. Séneca así lo dijo: "El hombre más grandioso es aquel que elige lo correcto con insuperable resolución, que resiste la más delicada tentación interna y externa, que lleva la carga más pesada alegremente, que está más calmado en la tormenta y más valiente bajo las amenazas y censuras, cuya confianza en la verdad, en la virtud y en Dios, es la más decidida."

La vida nos exige, así como nosotros también le sabemos exigir, y todas sus hazañas y pruebas conquistadas tendrán un valor real, si otros aspectos en su vida van cambiando de manera íntima. La conquista de sus grandes batallas tendrá que ir cambiando a su vez viejas ideas y viejas actitudes, porque de lo contrario, usted no podría soportar permanecer "allá arriba" por largo tiempo y sus esfuerzos, e incluso grandes sacrificios al final, no tendrán mayor trascendencia.

"Un día un monarca de la India se enteró que en una población muy apartada de su reino existía un faquir y que éste era capaz de realizar increíbles proezas. El rey ordenó que tal iluminado viniese a su reino.

—¿Cómo desea usted que yo lo deleite majestad?

—Me han contado que eres excepcional haciendo algunas cosas que nadie más puede lograr— le respondió el monarca.

—¿Y qué desea usted que yo haga?—

—Si usted es el gran faquir que dicen por ahí que es, haga algo sorprendente y entonces le entregaré el diamante más grande de mi corona— fue la propuesta del monarca.

—De acuerdo, me enterraré diez años en la tierra y cuando salga usted me dará el diamante— fue la propuesta del faquir.

Así, por todo el reino durante estos diez años el tema principal de conversación fue sobre el faquir enterrado y el premio ofrecido por el rey.

A los diez años efectivamente fue desenterrado el faquir. Se veía delgado y con una larga barba. Tardó algunas horas en regresar de su trance en medio de la multitud y cuando ya estaba en su estado normal de conciencia, comenzó a buscar con su mirada al monarca.

—¿En dónde está el rey?— preguntó afanado a la muchedumbre.

—¿Qué rey?— le preguntaba la gente.

—El rey con quien hice el trato de que al enterrarme por diez años me entregaría el diamante más grande de su corona—.

Todo el pueblo se miraba confundido hasta que al fin, un anciano dio un paso al frente y así le habló:

—Valiente faquir, lamento decirte que el monarca por quien hiciste semejante hazaña murió al día siguiente en el que fuiste enterrado y su corona fue repartida entre sus hijos. Ahora ninguno de ellos habita en este reino porque fueron derrotados por el ejército de un nuevo rey".

Nos podría pasar algo similar en nuestra vida cuando luego de un inmenso esfuerzo nos damos cuenta que hemos tomado el camino equivocado. Por ello, esforzarse no es suficiente si no tenemos absoluta claridad de que lo que estamos haciendo nos conduce a nuestro objetivo. La valentía sin eficiencia nos puede convertir en los más grandes fracasados.

Hoy es el momento para que usted levante su ancla de las arenas cómodas en donde ha pasado sus últimos años, y aunque se haya movido por el océano de la vida y haya conquistado nuevas tierras, recuerde que usted aún sabe, en el fondo de su corazón, que aún tiene tiempos nuevos por vivir y viejas creencias que quemar. La vida puesta en acción es lo único que nos hace valientes, por lo demás, seremos tan sólo grandes existencialistas. Ser auténticos de verdad nos hace felices y pertenecer a nuestros propios valores nos hace libres.

Me refugio de nuevo en Victor Frankl, uno de los hombres que más admiro por su intensa convicción de que el sentido en la vida del ser humano es la fuerza más poderosa y quien también se refiere al poder de la acción. "Sólo en la acción encuentran respuesta las grandes preguntas vitales".

Los seres humanos —en su gran mayoría— nos hacemos grandes preguntas sobre el misterio de vivir, pero es la acción la que convierte la ciencia de las preguntas, que es la misma filosofía, en la obra misma de quienes viviendo intensamente hallamos razones profundas. Vale la pena recordar que muchas veces nos quedaremos en el vacío de estas preguntas, pero igual, habremos avanzado como individuos, con sólo habernos cuestionado, sin embargo, será con la acción que culminaremos ese interesante proceso de cuestionarnos.

Todos conocemos personas excepcionalmente brillantes para tomar decisiones[19] y lamentablemente cobardes para poner su vida en acción. Luego de decidir lo que mejor deberían hacer, comienzan a buscar razones en lo más profundo de su mente para quedarse paralizados. "Pero... y si..." son los eslabones de las cadenas con las que aprisionan su espíritu deseoso de avanzar, y en segundos, quedan sentados de nuevo en su viejo trono, ese que no les hace menos humanos y dignos, pero sí menos inspiradores y ligeros en su sentir.

Los mayores arrepentimientos que cargamos son aquellos que nacen de no haber hecho en su momento lo que sabíamos que teníamos que hacer. Por ello, si usted ahora mismo sabe que tiene que girar el rumbo de su embarcación hacia un nuevo destino, gire de una vez, no tendrá quizá otra oportunidad para hacerlo y así comenzará a ser el dueño de su propia vida. Suelo contar en mis conferencias la historia que viví un día cuando un cliente y amigo mío me invitó a una tarde en su casa en el campo. Al llegar y parquear mi auto, pude apreciar algo que nunca olvidé.

"En una jaula muy amplia una cotorra me grito muy claramente: "Viva la libertad". Ya se imaginará usted lo que se siente al ver esta grotesca escena que además jamás pensé que pudiera existir, pues algo similar algún día yo había leído.

Ya en la noche y como llovía torrencialmente, algunas personas, por invitación de nuestro amigo, preferimos quedarnos allí, ya que el camino de regreso hacia la ciudad se hacía muy difícil. La habitación que me asignaron tenía algo particular: la ventana que daba hacia el patio me dejaba escuchar un re-

---

19. Del latín *decidere* que significa cortar, partir.

petido y conocido grito, homenaje a la crueldad: "Viva la libertad".

Efectivamente, me correspondió una habitación que me llevaba de nuevo a estar muy cerca de lo que llegué a pensar que sería "la misión de aquella noche". Luego de casi una hora, no lo pensé más y bajé en silencio al patio en donde se encontraba el animal. Muy suavemente abrí la puerta de la jaula esperando que éste saliera libre para siempre, pero mientras se arrinconaba hacia la parte de atrás de la jaula, seguía repitiendo: "Viva la libertad, viva la libertad" El ruido fue espantoso y usted comprenderá que no tenía mucho tiempo para "culminar mi obra" Sólo unos minutos tardó mi buena intención, porque ya el ave se estaba enfureciendo y con su filoso pico amenazaba con lastimarme. Me retiré un poco para que se sintiera más tranquila, pero sus alaridos eran cada vez más fuertes.

"Viva la libertad", repetía. El tiempo terminó, mi obra no se pudo hacer realidad, y la cotorra hizo gala de su nombre. Cuando la puerta se le abrió, se quedó repitiendo lo que tanto sabía, pero en realidad, o no conocía o ya había olvidado, y entonces prefirió las rejas de lo conocido al espacio infinito de lo desconocido".

Esa noche reflexioné sobre la situación y comprendí que era normal que el animal se asustara y que su jaula era lo que le daba tranquilidad, comida, y agua. ¿Para qué salir a buscarla afuera?

Sin embargo, me hice otra reflexión. A veces aparecen personas que nos abren con gusto la puerta a nuevas oportunidades, pero nos negamos a volar, aunque al igual que aquella noche, como cotorras sigamos repitiendo: "Viva la libertad". No hay peor jaula para un animal, incluido el hombre, que sus miedos a lo desconocido y su incapacidad de actuar.

Ponernos en acción exige no solamente vivir 'hablando" sobre nuestros sueños: la vida comienza a ser un desafío encantador cuando nuestros ideales se desprenden de las paredes de nuestra mente en donde se han mantenido fijos y comenzamos muy despacio a ejercer sobre ellos nuestra voluntad.

Al comienzo todo parece estar lleno de una gran ilusión, pero será unos metros más adelante en donde usted se tendrá que probar para lanzarse fuera de la "jaula" y resistir al vuelo.

Desde luego que el temor nos empuja de nuevo hacia adentro, hacia los rincones conocidos de nuestra mente en donde habita lo que ya dominamos, y será en ese momento en el que más extraño nos sentiremos, porque además quienes nos están observando comenzarán su alocada carrera para "recuperarnos" y regresarnos al mismo lugar de donde un día con valor decidimos partir.

Paso a paso, la voluntad comienza a empujar, mientras que con un miedo natural vamos descubriendo ese camino que sabemos que existe y que debemos descubrir finalmente.

Prepare de una vez las fuerzas necesarias para la conquista de sus sueños y recuerde que mientras usted se abre paso, podrá encontrar a otras personas que ya por ahí han pasado y hoy están disfrutando de sus grandes conquistas: sus sueños hechos realidad.

Capítulo Siete

La voluntad y el entusiasmo

La fuerza del espíritu que conquista

Vivir tras un propósito

El peor error que las personas cometen es el de pretender, sin merecer. La existencia humana exige, presiona y reclama en nosotros como seres creados por la perfección, que habilitemos nuestra conciencia hacia una fortaleza llamada voluntad; sin ella, seremos todo el tiempo víctimas y veletas movidas por los vientos que soplan de los demás.

Poco a poco nos acercamos al final, al punto en el que nos tendremos que despedir, pero no me perdonaría cerrar este último capítulo con lo que yo considero el "detonante" que le llevará a encontrar respuestas a las múltiples preguntas que a través de los capítulos anteriores le he querido plantear.

Se preguntará por qué el tema central se encuentra en el final. Pues bien, porque en los capítulos anteriores he querido desenmascarar las diferentes facetas que construimos a lo largo de nuestra vida, para poder así reconocer a la vez las múltiples razones que nos impiden vivir de manera más auténtica.

El éxito que usted busca, sin importar en qué campo lo desea, necesita de un terreno abonado que seguramente ya ha logrado con sus propias reflexiones. Ahora sé que está listo para activar el mayor don después de la vida: la voluntad o lo que también podríamos llamar "la capacidad de elegir".

Quisiera comenzar con un ejemplo muy sencillo para re-crear el valor que tiene la voluntad para el ser humano. Su-ponga que al comenzar este capítulo, simplemente no lo hago, a pesar de saber que debo escribirlo y concluir este libro que usted ha tenido la gentileza de leer hasta aquí. Imagine las razones profundas por las cuales hace ya un año me senté a escribir las primeras letras, o intente imaginarse la emoción que sentía cada vez que buscaba mis borradores y continuaba escribiendo.

⸤ Ahora piense en cuántas cosas he tenido que recrear en mi mente para intentar llevar mis ideas a una plataforma en donde la verdad y la convicción se han convertido en palabras escritas para el lector. Imagine en cuántos lugares me he sentado, desde salas de espera de aeropuertos, habitaciones de hoteles, hasta playas desiertas y valles en donde el silencio reinaba absolutamente. Largas noches escribiendo y luego días enteros sin lograr encontrar la ruta para avanzar. Silencios aterradores, para algunos, y ¿cómo no? preguntas en mi cabeza que taladraban en mi interior.⸥

⸤¿Escribir todo esto para llegar a la parte final y simplemente carecer de la voluntad necesaria para concluir, para decir lo que desde hace tanto tiempo pienso que debería ser el cierre de este encuentro entre usted y yo?⸥

⸤¿Tendría sentido tanto esfuerzo y tanta emoción? Usted bien sabe que si llegara a este capítulo que posiblemente espera desde hace algún tiempo y tan sólo encontrara unas hojas en blanco, sentiría que yo le he engañado y que todo lo que le he dicho a través de los temas anteriores es una mentira.⸥

⸤Pensemos en otro ejemplo. Imagine que ha llegado el momento en el cual usted va a nacer. Todo el mundo corre porque usted anuncia con dolores a su madre que el instante que tanto han esperado, llegó. Su madre sale a las tres de la madrugada a la clínica, pero en el momento que la vida le exige actuar y desatar el poder de su voluntad, simplemente renuncia y se niega a hacer el último esfuerzo. ¿Habría nacido usted? Seguramente el médico que atiende a su madre hubiera tenido que actuar bajo otro método para que usted no se muriera, porque la voluntad de su madre simplemente se lo estaría negando, pero la voluntad del médico lo habría salvado.⸥

⸤Es probable que este ejemplo sea exagerado, pero a través de él sé que usted ha comprendido el valor de la voluntad para el que busca la grandeza. Cuando la voluntad se colma de ímpetu y de sentido profundo, se convierte en el combustible para que nuestros proyectos personales se logren, superando los apuros que la vida trae con ellos.)

Fortalecer nuestra voluntad, diría yo, es como prepararnos para poner a funcionar nuestras ilusiones y descubrirnos como seres capaces de avanzar hacia nuestros proyectos. Éstos son poderosamente necesarios para encontrar razones de vital importancia en la vida; pero nuestros objetivos pueden quedar peligrosamente sueltos si no los encausamos en medio de dos vigorosas murallas que alegren la existencia de estos objetivos: el motivo y la ilusión. El motivo para la acción o la motivación, va más allá de la estampida enloquecidamente resbaladiza que usted vive en un instante de vehemente inspiración.)

La verdadera motivación es una fuerza constante que le empuja hacia ese nuevo destino que usted vislumbra, mientras que la ilusión es la misma dicha que se siente cuando encuentra las razones que le dan argumentos para luchar y existir.

El fortalecimiento de su voluntad comienza cuando usted no sólo traza proyectos importantes, sino también hace la tareas que parecen insignificantes; en otras palabras, no pretenda alcanzar sus más ambiciosos propósitos si lo que podríamos llamar "pequeñeces" lo distraen y aburren. Si usted cae en el afán desmesurado de querer alcanzar sus más grandes aspiraciones y descuida los pequeños detalles que parecen poco importantes, podrá estar construyendo una voluntad débil y fácil de quebrantarse al menor esfuerzo.)

(La fuerza de la voluntad no se da simplemente con la buena intención, como lo reafirmé a través de casi todos los capítulos anteriores. El fortalecimiento de una voluntad férrea se da de manera moderada más no temerosa; paso a paso usted irá haciendo esfuerzos menores hasta coronar con éxito su camino. Esto no significa que no sean esfuerzos tenaces. Los pasos que tenga que dar, aunque parezcan lentos, irán abriendo una profunda brecha entre lo que usted es hoy y en lo que quiere llegar a convertirse. La tenacidad es esa capacidad de no abandonar el camino, a pesar incluso del sacrificio, porque es desde allí desde donde los hombres grandes se han forjado destinos mayores.

Usted no debe abandonar su camino si cree que es por allí por donde va a llegar más lejos. Los hombres débiles de voluntad, caen con facilidad en lo que menos esfuerzo tiene, y aún así, se atreven a decir que merecen vivir mejor. Son atrevidos e ignorantes y jamás van a reconocer lo que otros a través de su poderosa voluntad han logrado. Les llaman personas de buena suerte, pero no son capaces de reconocer en ellas las pocas horas de sueño que muchas veces han tenido, ni las tensiones en el alma que han debido soportar, para que a través de esa templanza en su carácter se eleven por encima de los pobres de espíritu.

Quien ha desarrollado una férrea voluntad sabe que los trajines de la vida exigen cansancio, frustración, soledades y desánimos, y que son como enemigos del espíritu que se gobierna. Pero, jamás ven esto como pena, y sabiendo que no es fácil avanzar, levantan su cabeza con orgullo y digna voluntad y comienzan sin queja su tarea. Todo lo que para usted tenga sentido y le llene de emoción valdrá la "pena" así le exija el mínimo esfuerzo, pero tendrá que perder el miedo al esfuerzo superior.

Es la voluntad implacable la única y verdadera causa que ha llevado a miles de seres humanos a encontrar el camino de la victoria. La fe, el amor, la claridad en la visión, la disciplina, la persistencia e incluso el mismo sacrificio, serán sólo sombras que le atormentarán todo el tiempo si ninguna de estas virtudes están acompañadas de acciones y de resultados sobresalientes. Sin acción, ni siquiera nuestros propios miedos desaparecerán; no conozco otra manera de afrontarlos que desafiándolos.

"Un tarde cuando el sol quemaba las llanuras africanas, un viejo león caminaba solitario luego de haber sido derrotado por el león más joven de su manada. La sed casi lo tenía vencido.

Luego de caminar por todas las llanuras en busca de agua, encontró por fin un pozo del cual jamás había bebido, pues siempre que se acercaba allí, otro león al que éste llamaba 'el amo del pozo' le sacaba corriendo y asustado. La sed prácticamente le estaba matando. Poco a poco se fue acercando a las aguas calmadas del estanque, pero cuando se asomó, vio de nuevo que en el agua aparecía el gran león del pozo. Como lo había hecho siempre, el viejo león, corrió asustado a esconderse.

El calor subía. Despacio se fue acercando de nuevo al pozo decidido a beber o a morir por el ataque despiadado del gran león del pozo azul. Sacando sus últimas fuerzas, el viejo león abrió sus fauces, pero el león que estaba dentro del agua hizo lo mismo y el viejo león volvió a correr. Ya cuando el sol caía y el león moría de sed, volvió a intentarlo. Resuelto a morir, caminó con sus últimos alientos hasta el pozo y en una acción llena de valor, metió su cabeza en el agua y bebió en paz, porque el león del pozo azul ya había desaparecido.

Desde ese día, el viejo león es llamado el león del pozo y todos los leones de estas llanuras vienen a él para aprender cómo es que un león no siente miedo".

Me gusta encontrar para varias palabras que suelo usar en mis libros o conferencias, el significado etimológico, o la raíz de los términos, no para hacer alarde de ningún conocimiento del latín o del griego, sino para poder dar una explicación más cercana a los conceptos que utilizamos.

Veamos de dónde proviene el término *voluntad* y qué significado tiene: la palabra proviene del latín *voluntas-atis* y significa "querer" y proviene como término del siglo X. Posteriormente en el siglo XV aparece el término *voluntario,* del latín *voluntarius.* La voluntad ha sido estudiada desde diferentes campos del conocimiento, desde la Filosofía hasta la Psicología, pero usted bien sabe que yo no soy ni lo uno ni lo otro, así que permítame explicar el término desde la perspectiva del liderazgo, "como la capacidad de poner en marcha los proyectos más ambiciosos que el espíritu humano traza para la gesta de grandes cambios en la vida de las personas".

La voluntad se refiere a la capacidad humana de establecer fines u objetivos y a la habilidad de establecer los medios para lograr esos proyectos que nos hacen seres más evolucionados y nos alejan de las multitudes conformistas y medianamente satisfechas con su propia existencia.

Por supuesto, la voluntad tiene en la otra parte de la balanza un contrapeso que es el de *no querer, o de la ausencia deliberada de la misma acción.* Por ello, la voluntad es esa condición o virtud que le permite "querer hacer algo de manera intencional, voluntaria, y jamás obligatoria".

Para que su voluntad se active poderosamente usted debe saber hacia dónde se está dirigiendo, porque sólo así tendrá el anhelo o aspiración por encontrar un destino más digno que le haga sentir que realmente se está adueñando de su propia vida.

No será suficiente con que usted desee encontrar nuevas oportunidades en su vida porque el deseo ha de ser tan fugaz que con el mínimo esfuerzo se debilita y desaparece de su mente y de su corazón.

De ahí la diferencia que debe tener en cuenta entre "desear y querer". El deseo habita en un plano puramente emocional y por ello suele apagarse tan fácilmente al no encontrar la respuesta que sepa compensar esa misma emoción. El querer por su parte, está relacionado con la verdadera fuerza interior que habita en usted y que se traduce en la voluntad férrea que necesita para no abandonar el barco en medio de la tempestad del desánimo o la pereza.

El verdadero espíritu victorioso tiene como condición la determinación, el arrojo, el coraje y la voluntad férrea y consistente. Las personas débiles son todo lo contrario y será usted mismo quien juzgue entonces los adjetivos que las califican, que por lo general son ruidosas y andan por ahí diciendo todo lo que van a hacer pero rara vez se callan y actúan.

La motivación es esa fuerza interior que usted cosecha luego de hallarle el sentido, la emoción y la claridad a sus propósitos. Desde la Psicología muchos grandes autores han escrito sobre ella, desde las teorías biológicas hasta las mismas teorías conductuales. No quiero viajar con este tema por esos caminos de la mente. Sólo me interesa que usted sepa reconocer cómo la voluntad férrea depende en gran parte de los puntos vitales que le motivan a seguir de pie en esta vida. Piense ahora mismo qué es lo que en realidad le hace soportar el cansancio y el desaliento que a veces aparecen.

Cuando usted sabe reconocer qué es lo que le motiva y le alienta, y además lo que hace que llegue a imaginar en su mente el goce del logro obtenido, habrá encontrado quizá no uno sino varios motivos, y desde allí, su voluntad comenzará a ser el motor principal para que salga del lugar de donde aspira salir y llegue al lugar que tanto anhela.

Vivir motivado, es una forma de disfrutar antes del logro, viendo incluso cómo otras personas que estaban en condiciones iguales, o incluso peores que usted lo han logrado. Piense en ellas y ahora mismo atrévase a descubrir cuál cree que es la razón que los ha llevado a dejar de ser piedras sin brillo para convertirse en diamantes resplandecientes. Una sola: su voluntad férrea, y usted sabe que únicamente por ella, estas personas merecen lo que hoy tienen y lo que mañana obtendrán.

Si logra fortalecerse en su voluntad, sabrá disfrutar de una de las más importantes fuerzas que hacen de ésta, el poder que ha generado los grandes cambios en la historia de la humanidad: la perseverancia.

Cuando usted comienza a dar pasos lentos hacia su gran proyecto de vida, querrá empezar a arriesgar un poco más. No se angustie al ver que al principio pareciera que nada pasa, siga avanzando; recuerde al leñador del que le hablé, quien sólo debido a su voluntad férrea encontró la gran mina de oro. Adelante, avance, siga caminando, no regrese jamás de donde ha partido porque usted sabe que allí no se vive bien y nada más se pasan los años sin ninguna trascendencia.

Comenzar exige valor, pero perseverar le demanda la fe suficiente para ver lo que aún no existe y la voluntad en usted será ese aliento que le ayudará a ponerse de pie ante los desaciertos que va a tener. La voluntad le ayudará a levantarse por encima de esos intentos fallidos hasta encontrar por fin la gloria merecida que tanto ha buscado.

Recordemos a un hombre que no sólo fue con la fuerza de sus puños como logró sus más anhelados sueños. Joe Louis fue uno de los mejores campeones de boxeo de peso completo durante muchos años. Sin embargo, el día que decidió convertirse en boxeador, Louis era un joven "apocado" y los diferentes boxeadores con los que peleaba lo derrotaban y se burlaban de él sin compasión; incluso, en una de estas peleas fue lanzado a la lona nueve veces. Caída tras caída, dolor tras dolor, Louis fue fortaleciendo su voluntad y como ya sabía porqué se subía a un ring de boxeo, por fin la gloria llegó a su vida para dejar huella en la historia como uno de los más grandes boxeadores.

No fue obstinación, porque ésta lo que conduce es a la ceguera de las personas que aún sabiendo que están erradas en su camino, continúan dando pasos que sólo los conducen al abismo. Fue la perseverancia plena la que llevó a este hombre a la gloria. Así lo decía un día Jonathan Lavater: "La obstinación es la fuerza de los débiles. La firmeza sustentada en los principios, en la verdad y en lo correcto, en el orden y en la ley, en el deber y la generosidad, es la tenacidad de los sabios".

La esperanza como motivación principal es la fuerza que comenzará a despertar en usted esa voluntad que tanto necesita para no quedarse sólo en buenas intenciones. Defina de una vez por todas qué es eso que dice merecer y conviértalo en su más apasionada meta, porque jamás podrá existir una voluntad férrea si no tiene claridad en sus objetivos, y nunca más se detenga porque la voluntad se mide cuando usted actúa, avanzando, aguantando y alcanzando.

Pareciera que nuestra voluntad se encuentra en un estado "salvaje" y sólo el hombre firme en sus propósitos y claro en su visión es capaz de hacer que esta fuerza, aparentemente indomable, se rinda ante la influencia del mismo espíritu humano. Nuestra naturaleza está creada para la evolución, no aquella que afirma que saltamos un día de un árbol y nos convertimos en hombres, sino la que asegura que cada persona como ser superior en evolución constante es capaz de encontrar en su ser interior la emoción por vivir, y a través del fortalecimiento de la voluntad avanza paso a paso en su ruta conquistadora de su propio espacio.

La voluntad en usted se robustecerá cuando sea capaz de ir abandonando aquellas pequeñas cosas que le brindan placer inmediato. Sin embargo jamás olvide que al renunciar a ellas, irá avanzando hacia las metas de mayor envergadura. Por ejemplo: usted ha planeado unas vacaciones con su familia a un lejano país. Luego de estudiar cuánto le costaría, usted define la manera como tendrá que ahorrar el dinero y el tiempo necesario.

Cuando comienza su ahorro, que es lo que se conoce como la voluntad de iniciación, su voluntad le comenzará a exigir mayores esfuerzos que el primero. Durante el tiempo en que vaya soportando las tentaciones de tomar del dinero que está destinando para su viaje y gastarlo en otras pequeñas cosas de lujo que si analiza bien, no necesita, usted fortalecerá lo que se conoce como la voluntad persistente, que es, sin duda, el punto de equilibrio de la voluntad humana.

Imagínese ahora que cuando ya ha logrado prácticamente el ahorro necesario para su anhelado viaje, surge en su casa una urgencia por el daño de una de las principales tuberías que no da espera para ser reparada. Usted no tiene más remedio que tomar parte de sus ahorros y por supuesto, hablar con su familia para aplazar el viaje.

No es muy común que esto suceda, pero como ejemplo lo que deseo expresar es que en la ruta hacia nuestros objetivos podremos encontrar "tuberías rotas" que nos exigen desviarnos un poco de nuestra meta. Sin embargo, será aquí en donde usted pone a prueba una de las voluntades más significativas que el ser humano en crecimiento y maduración debe lograr; me refiero a la voluntad para superar los reveses del no logro. Será ahí en donde usted se prueba y su espíritu batallador, que ha ido paso a paso madurando en su voluntad, le reanimará y preparará para retomar de nuevo su objetivo y entonces usted sabrá disfrutar la emoción del logro, y la conquista de su voluntad comenzará a ondear la bandera que sólo los grandes seres humanos —no necesariamente famosos— han puesto en la cumbre de su vida.

Nuestra vida marcha hacia adelante, a pesar de las dificultades que para algunos se convierten en la única manera de domar su soberbia, mientras que a otros los hace más humanos. Esa marcha que usted lleva debe estar empujada por el futuro, por lo que está por venir —porvenir— lo que le ilusiona y alegra de manera inmediata cada vez que piensa en ello.

Su voluntad le sacará de los tenebrosos estados de entrega, en donde el espíritu humano intenta abandonar la batalla diaria, porque su voluntad es arrojo, consistencia en los propósitos, tenacidad en los objetivos y aliento constante cuando la desconcentración nos desvía del camino.

Observe ahora mismo en qué nivel se encuentra en cuanto a la firmeza de su propia voluntad. Piense si ha dejado últimamente en la mitad del camino el libro que comenzó a leer hace algún tiempo; o esa dieta que le exige abstenerse de disfrutar los más deliciosos helados; quizá, si ha dejado comenzada esa rutina de ejercicios que le obligaban a estar de pie media hora antes todas las mañanas, incluidos los sábados y domingos; o la llamada para invitar a alguien nuevo a participar en su negocio.

Si desea alcanzar metas mayores, retome estos quehaceres "menores" porque son los ejercicios que le van haciendo fuerte en su determinación; de lo contrario, cualquier otro propósito mayor que se proponga, sabrá que vendrá acompañado de mayores exigencias, sacrificios y dificultades, y le aseguro con el mayor respeto, que tendrá entonces que hacer grandes esfuerzos por mantenerse de pie, si antes no se ha fracturado ya en mil pedazos su voluntad de papel.

La línea de la libertad humana se debate entre hacer lo que le apetece en sus simples afanes, o elegir aquellas tareas que a veces no son tan placenteras pero que a la larga serán las que le acercarán a sus anhelos y propósitos más amplios. La gente quiere vivir intensamente el hoy, aún a sabiendas que tarde o temprano deberá enfrentarse cara a cara con el futuro que acecha en silencio en los rincones del alma.

El futuro no le reclama a usted nada hoy; humilde y callado va abriéndose paso por los senderos del presente que a veces miramos sin mayor trascendencia. La recia voluntad apunta al hombre hacia los destinos futuros. La vida sin estos propósitos se tornaría aburrida y lacónica, así como es la de muchos que seguramente usted ya conoce. Los hombres sin voluntad sí son parecidos a los simios y pasan su vida saltando por los aposentos de su espíritu aburrido para entretener su presente y maquillar su tristeza.

La tristeza —del latín *tristitia*— significa aflicción o pena y se manifiesta en nosotros en un sentimiento de pesimismo interior, que si no es controlado a tiempo, se convierte en un huracán que sólo podrá ser apaciguado cuando exista una voluntad consistente que amarre al puerto de nuevo nuestro espíritu angustiando. En otras palabras, la voluntad nos ata a muelles mientras la tempestad pasa, y luego de nuevo nos arroja hacia nuevos puertos, esos que usted y yo sabemos que existen, aún sin haberlos conocido.

La voluntad es futuro, destino y evolución, es potencia en el alma y orgullo por vivir en medio de la lucha que a veces es necesaria enfrentar duramente con uno mismo. La voluntad nos obliga a preferir y preferir es renunciar.

Por ello, no se lamente si ahora debe renunciar a lo conocido y a lo que le está brindando una mediana comodidad; le aseguro que no será por demasiado tiempo. Su propósito merece soportar los sacrificios de la renuncia.

El peor error que el ser humano puede cometer es el de pretender sin merecer. La existencia humana demanda, presiona y reclama en nosotros como seres creados por la perfección, que habilitemos nuestra conciencia hacia una fortaleza llamada voluntad; sin ella, seremos todo el tiempo víctimas y veletas movidas por los vientos que soplan de los demás.

Cada cual se cree digno, clemente y merecedor, y cuando suelta al viento su vida y se estrella contra las adversidades merecidas, su dolor tiene un culpable: "el otro ser humano", el atrevido que por su voluntad poderosa avanza a pesar de la fogosidad del desierto, la tempestad del mar o las frías cumbres del la desmoralización.

Usted está llamado a vencer y no a morir en los intentos, y para ello tendrá que educar su voluntad, domar sus deseos pasajeros que suelen disfrazar de gozo infinito la miserable condición de fracaso que el hombre debe por fin vencer.

La vida es un elección que algunos definitivamente no quieren tomar en serio, y juegan con ella, se divierten a granel, se burlan como si fuera tan sólo el payaso del circo, el mismo en el que han convertido su tediosa vida.

La voluntad es una virtud que los valientes hacen suya hasta morir sin desaliento, aunque a veces las sombras dantescas del mundo se arrojen sobre sus cabezas, que iluminadas desde el cielo saben distinguir entre lo celestial y lo nebulosamente humano.

Para ordenar nuestras ideas y reorientar las fuerzas de nuestra voluntad, debemos encontrar siempre un espacio para pensar acerca de nuestro destino y por ello, quien se sabe sumergir en el silencio, sabrá encontrarse en sus propios caminos, reconociendo sus autoengaños.

Somos a veces crueles con los demás y profundamente considerados con nosotros mismos. La voluntad férrea no sólo fortalece el carácter sino que también nos ayuda a tener la claridad para entender que somos débiles y maleables y para ello necesitamos educar la voluntad, virtud de los que se adueñan de su vida alejándose de los que aman las aguas tibias de la hipocresía.

Cada quien deberá ser capaz de responder disciplinadamente con sus propósitos sin andar por la vida afanado si su vecino se ha salido del cauce.

"Cuatro monjes se retiraron a un lugar muy lejano en las montañas del Tibet para entregarse una semana a la meditación y a la práctica rigurosa del voto del silencio.

La primera noche ya estaban en perfecta condición mental y espiritual para comenzar su ejercicio y cuando habían transcurrido cuatro horas, una de las lámparas de aceite se trató de apagar por el viento.

Uno de los monjes al ver esto, miró a uno de los empleados del monasterio que siempre vigilaba el salón y le dijo:

—No deberás dejar que las lámparas se apaguen.

De inmediato, uno de sus compañeros le llamó la atención:

—En esta sala y por siete días no se debe hablar. Estamos en voto de silencio.

—Molesto al ver que sus dos compañeros estaban hablando, el tercer monje les dijo:

—Es el colmo que ustedes sean capaces de romper con nuestro voto de silencio. Me indigna ser su compañero en esta travesía espiritual.

Entonces el cuarto monje, abatido, se puso de pie y mirando a sus tres compañeros les habló con una voz muy suave:

—Soy el monje más joven y les he dado ejemplo a ustedes los más ancianos. He sido el único que ha permanecido en silencio gracias a mi poderosa voluntad".

Cultivar la voluntad férrea no es una tarea muy fácil puesto que requiere de algunos elementos vitales para que se acomode a lo que usted necesita.

Sus claros propósitos en la vida son como las velas de su embarcación, pero sus propósitos y su voluntad juntos serán como su timón de mando. Sin la voluntad, usted podrá estar navegando el resto de su vida sin destino y entonces hará parte del tumulto de hombres y mujeres que pasan su vida moviéndose sin lograr nada, fatigados y llenos de frustración.

No es suficiente con que usted tenga el coraje para actuar, puesto que su vida requiere de dos elementos vitales que son la organización y la firmeza. La organización, como se entiende, establece y atiende los asuntos que conciernen a las tareas que al dejar sueltas, nos acumulan una carga de trabajo que termina convirtiendo nuestra vida en una tortura. Cumplimiento, disciplina estricta, saber comprender las prioridades y la exactitud tan sólo por mencionar algunos valores, hacen de la organización uno de los elementos esenciales para que nuestra voluntad no sea tan sólo un "decir".

Cuando existe un motivo profundo para ponernos en marcha, nuestra vida se llena de ilusión y para ello necesitamos organizarnos. Planificar no es cuestión tan sólo de la gerencia moderna o de los instrumentos de la administración. La planeación es la capacidad de trazarnos objetivos claros para nuestro proyecto de vida personal.

Por otra parte, la voluntad se fortalece cuando la firmeza brilla en los momentos en los que el ser humano intenta detenerse y darse por vencido. Recuerde, por nuestra ruta siempre vienen en sentido contrario los jinetes del desaliento que cabalgan anunciando, a quienes vamos hacia adelante, que el camino es duro y que el sol está golpeando sin contemplación.

La firmeza es como nuestro alazán que luego de que usted lo ha puesto en marcha, sólo se detiene cuando usted mismo tira de su rienda. Marcha elegantemente y usted cabalga sobre él, por encima de las piedras que otros arrojan pretendiendo que el desaliento le haga regresar.

No abandone su curso, no se detenga si ya ha comenzado; si aún está usted pensando que es el momento de cambiar algunas cosas, actúe de inmediato y no siga lamentándose por no hacer eso que usted necesita por fin poner en acción.

Primero defina qué es lo que ya no soporta, luego defina su nuevo destino, póngase en marcha de una vez por todas y prepare estos dos instrumentos para avanzar firmemente sin andar repitiendo que usted necesita hacer algo para mejorar. De una vez y para siempre, hágalo.

La organización y la firmeza alimentan la fuerza de su voluntad, porque, sin duda, el momento en el que más se puede llegar a sentir alegría y fortaleza es cuando usted logra vencer las adversidades del camino y sus objetivos siguen ahí, brillando como diamantes con su luz pura y su fortaleza.

Seguramente usted hasta este momento ya ha logrado clarificar el valor poderoso de la voluntad férrea. Si quisiera, llevaría todas mis palabras a una sola definición: el objetivo supremo de la voluntad en los seres humanos es poner la vida en acción, logrando ganar la más importante batalla por la conquista de nuestros propósitos, esos que nos acercan a la grandeza para la cual hemos sido creados, esos que nos guían y nos proyectan hacia adelante.

Quienes no desarrollan su voluntad, viven anclados a los sueños y jamás se atreven a ponerse en movimiento. Poner a funcionar su voluntad será asegurar el control de su destino, aún cuando por este ronden los fracasos. La voluntad colma de dicha su vida si usted elige que así sea.

De nada vale que usted se llene de buenos propósitos si sus andanzas son temerosas y apocadas. No hay nada más dramático que escuchar a alguien repitiendo todo lo que desea hacer, mientras en el fondo, esta persona sabe, y nosotros también, que son tan sólo simples deseos y de allí no pasa; jamás se decide y fallece nada más pensando en el intento.

Por otra parte, si existe un gran premio para quienes fortalecen su voluntad y avanzan tras sus objetivos, éste tendría que llamarse "felicidad". La felicidad siempre termina siendo la meta superior que todos buscamos, pero la felicidad más allá de encontrarse en estado salvaje por las paredes que bordean el camino de nuestra vida, es el camino mismo. La felicidad completa es una mentira, porque el mismo hombre no lo puede ser. Aún así, cuando la vida se teje de sanos propósitos, valores y logros, el hombre la disfruta como agua pura en medio del desierto.

La voluntad nos empuja hacia la búsqueda de esta dicha que habita en nuestro ser pero que hay que encontrar específicamente a través del amor que seamos capaces de disponer en cada uno de nuestros pensamientos y actos.

Si penetramos por el tupido bosque del corazón humano, sabremos descubrir que la claridad de nuestros propósitos y la fuerza contenida en la voluntad del alma, son los puentes sagrados que nos conducen a la gloria, aquí mismo en la Tierra.

No puedo abandonarle ahora sin compartir con usted la idea de cómo al final de sus grandes esfuerzos, su vida estará colmada de un poder inmenso y que a su vez está relacionado con la dicha que llegue a sentir por vivir. Seguramente los expertos afirmarían que se trata del rasgo que poseen todas las personas que se encuentran por fin y salen de las turbias aguas que les impedía moverse hacia mejores destinos. La fuerza vital o el poder superior que habita en nosotros y que se haya relacionado con la fuerza del espíritu conquistador se llama "entusiasmo".

Las personas que carecen de él, seguramente no tendrían porqué estar siquiera preocupadas por responder a las preguntas más simples de la vida misma. Seguramente usted podría pensar que al desarrollar una voluntad férrea y consistente ya sería suficiente para enfrentar las empinadas cuestas de la vida, pero no es así. Su conquista quedaría a medias si usted no estuviera colmado del entusiasmo que le impregna un aroma de inconfundible emoción y de grandeza a los campos en donde habita el espíritu humano.

Alejandro Magno, el gran conquistador, lleno de emoción, disciplina e inteligencia, visión clara y voluntad férrea termina al final en un estado insoportablemente triste, al ver que ya no tenía nada más por conquistar, y a los treinta y tres años muere luego de pensar que ya no le quedaba nada más por hacer.

Como usted comprenderá, en la medida que el ser humano va perdiendo razones para luchar y para ilusionarse, su entusiasmo o fuerza vital le restará poder y alegría, que es el reflejo de su existencia auténtica y entonces se convertirá en tristeza.

Si lo miramos de manera más optimista, cuantas más razones tenga usted para interesarse, muchas más oportunidades tendrá de encontrar la felicidad. Mire cuántas personas en su aburrimiento no son más que seres que han perdido el entusiasmo, que repito, es la fuerza vital, o si así lo prefiere, la energía divina que gobierna su espíritu y que prende el fuego y la emoción por vivir.

El hombre colmado de frenesí tendrá más ventajas que aquel que se encubre en las cuevas del desaliento por vivir. No hay voluntad que permanezca, si por las venas no corre la sangre del entusiasmo, la fe y la ilusión de vivir alegremente en pos de nuestros proyectos personales, e incluso de las conquistas que pudieran colmar en su totalidad la dicha de la raza humana.

El auténtico entusiasmo no es aquel de algunos que se "instalan" los viernes en la noche y se desinstalan el lunes en la mañana. El entusiasmo termina siendo como ese brío o energía que usted deberá poseer al avanzar movido por su voluntad. En una empresa por ejemplo, es absolutamente imposible que a través de una "política" interna se ordene a las personas poseer una voluntad férrea y un entusiasmo ardiente. Cada uno de estos "alimentos internos del hombre" son condiciones individuales. El entusiasmo es ese grito que a veces necesitamos dejar salir cuando nuestra vida encuentra razones verdaderamente emocionantes que llenan de absoluta plenitud nuestro ser interior.

Nadie podrá estar verdaderamente entusiasmado haciendo en su vida lo que no le hace sentir plenamente realizado. Por ello encontramos permanentemente "personas arrojadas a la vida" que han perdido la alegría en sus trabajos y por supuesto, su voluntad es falsa. Imagínese usted ahora cuál sería el sentido que sus acciones tendrían y con qué emoción enfrentarían cada mañana la calle o el campo.

Las personas que llegan en algún momento a ser concientes de que habitan en un mundo en donde la rutina no les está dejando sino ausencia de dicha, de inmediato reconocerán que la vida ha perdido gracia y emoción, y entonces su voluntad por conquistar nuevas fronteras se apagará de inmediato, como se puede apagar en un instante la vida misma, porque el entusiasmo es la energía de la vida.

Si el objetivo supremo de la voluntad es empujarnos con fuerza interior hacia nuestros propósitos más nobles, el objetivo del entusiasmo es impregnar de emoción y dicha ese impulso, porque es verdaderamente doloroso llegar a la cumbre más alta que usted se ha impuesto, estando lleno de aburrimiento.

Sin duda, una de las razones que más proyectan al ser humano a los abismos de su propia desgracia es cuando éste ha perdido su interés en todas las cosas que dejan de tener valor en su vida y pierde así su capacidad de ponerse en movimiento.

(Observamos a muchas personas sentadas en las esquinas viendo pasar su existencia sin deseos de hacer nada más que añorar lo que nunca ellas mismo fueron capaces de lograr porque se quedaron en la parte cómoda del camino, a donde se suelen sentar los que piensan que la existencia humana trae consigo misma, y por obligación, los panes debajo del brazo.)

(Si usted no se entusiasma por lo que está haciendo, retírese mejor y vaya a buscar los campos arados en donde deberá poner la semilla de su entusiasmo, su trabajo y su poderosa voluntad. Qué drama ver como muchos se debaten entre vivir o morir, cuando en realidad todos poseemos los poderosos dones que nos han de llevar a cabalgar gloriosos sobre los abismos de la desesperanza y el fracaso.)

(Ha llegado la hora de dejar de hablar y comenzar a actuar, porque su vida no da espera y su corazón no soportaría la angustia de vivir encerrado en medio de los barrotes de sus sueños. El entusiasmo se prenderá en usted cuando por fin reconozca que su vida en verdad merece viajar por los valles exuberantes de la realización y el éxito, y entonces, hasta el cansancio se rendirá ante la fuerza que usted ha de tener en cada una de sus palabras y en cada una de sus acciones.)

(Entusiasmarnos es hacernos una promesa absoluta con el futuro y sepultar para siempre ese viejo pasado que suele arruinar y apagar la llama interior de la vida misma. La vida trae consigo un riesgo irrevocable que está entremezclado con las oportunidades que esperan en santa paz que las podamos descubrir; es como la maleza que se confunde con las violetas salvajes en el campo y que se mueve en su mismo latir con el viento que sopla, y que es la vida misma, que no sabe diferenciar entre la maleza y la violeta; será entonces usted quien tendrá que identificar cuál desea sembrar en su vida.)

(Posiblemente cuando corte las flores del éxito, alguna espina se entierre entre sus dedos o quizá no, pero tiene que correr el riesgo de equivocarse y aprender. Cuanto más tiempo pase pensando en lo que le gustaría hacer, más tiempo estará perdiendo. Recuerde que así se han quedado muchos de los grandes "intelectuales", sólo pensando y consintiendo la posibilidad de ver un mundo mejor mientras van alimentando las ratas en las cuevas de sus mentes aterrorizadas y sin una gota de voluntad ni de entusiasmo.)

(La única manera de saber si le va bien es actuando, dando un paso al frente a pesar de sus temores y como el león de nuestro cuento, metiendo la cabeza en el pozo de la incertidumbre que es en donde habita el agua que calmará su sed.)

(Tan sólo usted podrá entender que el destino de los valientes está solamente en las manos de quienes al final se alejan de los rebaños y comienzan por sí mismos a buscar nuevos caminos. Aprendemos si nos dejamos llevar, si nos soltamos. Los vientos de la vida al comienzo soplan fuerte y sentiremos que nos estamos perdiendo en un mundo que no conocemos, pero verá como poco a poco la vida va tomando curso hacia donde usted valientemente ha decidido.)

(Debo decirle que la fuerza del entusiasmo, así como la fuerza de la voluntad, no son heredadas sino desarrolladas. Si recuerda algunas situaciones vividas en donde usted ha renunciado, sabrá que su abandono nació de la pérdida del entusiasmo. Aunque la vida a veces nos tira al suelo, está en nuestra propia determinación ponernos de nuevo de pie para seguir luchando.)

(Entusiasmo proviene de dos palabras griegas. La primera palabra es *theos*, que significa Dios; la otra palabra se descompone en dos "En-Tae": dentro de usted.)

(Por ello, le he manifestado que la chispa divina que prende el entusiasmo en las personas es la misma presencia divina dentro de usted que busca refugio en su corazón, que es de donde proviene el coraje o valor para ver la vida misma como un reto, porque no conozco a nadie que haya ganado una batalla sin antes no desatar en su ser el entusiasmo necesario para la conquista.)

(Su libertad comienza cuando usted resuelve ser verdaderamente auténtico y coherente con su sentir, honesto con usted, valiente a pesar de los miedos, entusiasta a pesar de las derrotas que acechan, porque aunque lo nuevo siempre nos produce miedo, muchas veces esas tierras sin explorar nos producirán la alegría de haber vencido, y entonces disfrutará de una nueva inteligencia, porque los conocimientos que tenemos de nuestra viejas historias sólo son alimentados por la memoria, amiga íntima del terror que acecha el espíritu humano.)

(La inteligencia es la capacidad de entender lo nuevo y disfrutarlo, de abrir las ventanas que han estado cerradas por largo tiempo en su templo para que nuevos aires soplen. Nuestra mente ama lo viejo, lo conocido, eso que usted a la vez odia con intensidad porque sabe que ese camino no le está llevando a su nueva conquista y siente que sus años están pasando fríamente. Desista si tiene que desistir de lo viejo y conocido y acepte el reto que la vida le está pidiendo.)

(Nuestra memoria se niega a soltar las cadenas con las que nos tiene atados desde nuestros primeros años. La memoria no hace parte de la conciencia humana porque tan sólo es un programa alimentado por nuestras experiencias que terminan siendo los grilletes que nos atan al ayer. La naturaleza humana sabe pedir cambios, pero la memoria humana se niega y cuando al viento sus campanas anuncian la decisión de abandonar las tierras viejas ya conocidas, la memoria lanza su ejército de miedos, de fracasos anteriores que usted ha tenido o de las caídas de otros que dejaron en el piso las huellas de la decepción. Entonces, usted detiene su ejército llamado voluntad y su entusiasmo de inmediato le hace bajar de sus sueños, obligándolo a regresar a los aposentos viejos en donde usted sabe que está muriendo de hastío.)

(¡Vamos! Dé el primer paso y el segundo y el tercero y siga a pesar del ataque inmisericorde de la mente, que sabe muy bien que más temprano que tarde su voluntad y su vida puesta en acción la derrotarán, lo harán, sin duda la derrotarán.)

(Por nuestro camino encontramos valientes que ya han pasado por donde nosotros apenas estamos atreviéndonos a transitar; escuche sus voces que le alientan, mire sus ojos como antorchas encendidas que sabrán iluminarle por el camino, crea en ellos y haga parte de una nueva raza de valientes, abandonando los campamentos de la conformidad en donde duerme usted hace tanto tiempo.)

(Deje de imaginarse lo que puede existir detrás de las montañas que sus ojos ven, y vaya usted mismo a mirarlo, se asombrará que no es ni siquiera parecido a lo que tanto soñó, porque estando allí, los colores de la victoria brillarán en su alma de otra manera. Qué importa si el cansancio nos quiere vencer, el cansancio y la fatiga son los amigos más íntimos de su mente vieja, que al ver como usted avanza colmado de entusiasmo, los envía disfrazados de santos a su camino para que usted se detenga.)

(Ármese de valor y pasión y rompa en pedazos esa pequeñez que le cubre; láncese a la inmensidad en donde sólo vuelan los espíritus valientes, y si usted logra encontrar a alguien que le abra la jaula, no haga lo que hizo aquel pájaro de mi historia. No prefiera lo conocido si está buscando cosas nuevas para su vida, porque lo conocido no encaja con lo desconocido.)

(Jamás vaya a caer en la comodidad de la vieja prisión como les pasó a muchos de los presos de La Bastilla, cuando en plena Revolución Francesa, muchos de ellos que ya llevaban allí varios años, se negaron a salir. Ni siquiera la dicha de la libertad pudo vencer el miedo a lo desconocido. ¿Para qué salir a donde ya no eran nadie? ¿A dónde buscar la comida que allí, al menos recibían? ¿A dónde dormirían si allí, en las cloacas llenas de ratas por lo menos se protegían?)

(Aún así, los miembros de la revolución los obligaron a salir. Muchos de ellos no soportaban ni siquiera la luz del sol mientras que otros ni caminar podían.)

(Rondaron ese día las esquinas y los parques pero todo era extraño. Muchos de estos hombres habían pasado hasta cincuenta años en prisión y nada de lo viejo ya existía: ni familias, ni amigos, ni siquiera los grilletes que amarraban sus pies y sus manos)

(Entonces pasó lo más sorprendente. Muchos de estos hombres regresaron a la cárcel, porque la cárcel ya era su lugar conocido y se enfrentaron a los revolucionarios pidiéndoles a gritos y en medio del llanto, que los dejaran allí para poder vivir en paz.)

(Dramático, escalofriante, doloroso para la raza humana, pero a la vez, claro y contundente: el hombre puede llegar a preferir incluso el dolor antes que salir a buscar nuevos destinos, así le pese en el alma para siempre el no hacerlo, y aunque mendigar sea la única herencia que deje a sus hijos.)

La alegría de llegar al puerto

Comienzo a ver la orilla a donde usted y yo nos hemos propuesto llegar. Algunos seguramente ya nos han abandonado en el camino, mientras que otros quizá marchan lentos hacia este final. Nuestro viaje juntos llega a su destino, pero a la vez espero que usted comience su propia travesía. Debe ser así, porque es a través de su soledad y su silencio que deberá encontrar las razones profundas por las cuales me ha acompañado hasta aquí.

He hablado a su corazón desde el mío, pero mi verdad no puede ser la suya. Usted tendrá que crearla sólo para usted, aunque seguramente algunas de mis palabras le sirvan para diseñar los mapas que usará en su nuevo viaje.

No he querido mostrarle una mirada desesperanzadora de la vida, sólo he querido decirle que si está comprometido con ella, tendrá que enfrentarla en todas sus dimensiones.

La grandeza del ser humano se mide cuando es capaz de adueñarse de sus actos y cuando, por fin, un día hace uso de su voluntad para conquistar esas nuevas tierras que usted sabe que le están esperando, pues como un día dijo Melvin J. Evans: "Los hombres que construyen el futuro son aquellos que saben que las cosas más grandes están todavía por venir, y ellos mismos ayudarán a ocasionarlas. Sus mentes están iluminadas por el resplandor de la esperanza. Nunca se detendrán por la duda. No tienen tiempo".

Lo cierto es que la condición humana ha sido creada para la evolución y la prosperidad, pero éstas jamás serán conquistadas, a menos que cada uno de nosotros así lo decidamos por nuestra propia voluntad, porque la vida misma sin acción, es tan sólo una débil llama que se apagará con el mínimo soplo de desaliento.

Un homenaje a todos aquellos que han puesto su vida en marcha, porque gracias a ellos hemos descubierto muchos de los caminos que conducen a la gloria; ahora nos corresponde a usted y a mi continuar abriendo los nuestros.

Las claves del pensamiento positivo
Napoleón Hill y
Michael J. Ritt
ISBN: 1-607380-48-X
168 páginas

Este pequeño libro es responsable de cambiar muchas vidas. Contiene una de las claves más importantes para alcanzar el éxito: Actitud Mental Positiva (AMP). Tú puedes lograrla y hacer realidad tus sueños, una vez decidas practicar los 10 principios sencillos que se encuentran en este libro guía. Antes que empieces tu jornada de crecimiento personal, debes visualizar el lugar a donde ésta te llevará. Has llegado al final de una etapa en tu forma de ver la vida y muy pronto te embarcarás en un nuevo comienzo. Empezando ahora, te vas a deshacer de todas las formas negativas, anticuadas y agotadoras de ver el mundo, y las vas a reemplazar con la vida irresistible y energética que nos brinda el hecho de tener la actitud mental positiva. Con una AMP vas a:

• Tener capacidad para desarrollar control sobre tus emociones y aprender a dirigir este talento creativo para tu propio bien.
• Eliminar todas las actitudes negativas que resultan de reaccionar ante experiencias pasadas.
• Sobreponerte a tus miedos, dándote cuenta que ellos tienen una influencia negativa sobre tu creatividad, si les permites dominar tu mente.

"Sólo tú tienes el poder de cambiarte a ti mismo. Si no eres feliz con el rumbo que está tomando tu vida, decide ser diferente y luego lee este libro que te mostrará pasos simples pero poderosos para hacer de tu vida lo que siempre has soñado que sea".

Tommy Hopkins
Autor de *How Master the Art of Selling*

¡Saca a relucir lo mejor en los demás!
Thomas K. Connellan, Ph.D.
ISBN: 1-607380-50-1

192 páginas

Puede ser un miembro de su equipo de trabajo, su hijo, un estudiante de su clase o un atleta. El hecho es que en ocasiones resulta frustrante ver cómo hay quienes luchan tanto para alcanzar el éxito sin lograrlo. Algunas veces, usted hasta quisiera impulsar o rescatar a estas personas, más sin embargo ellas parecen ser casos perdidos y usted termina frustrado y sin forma de ayudar. Ahora existe una alternativa auténtica. Las investigaciones de Tom Connellan han concluido que hay tres claves para aprovechar el máximo potencial de aquellos que están a su alrededor. Estos son sólo algunos de los aspectos en que las siguientes claves le serán de utilidad:

- ¿Cuáles son los cinco pasos para lograr un "diálogo constructivo sobre el bajo desempeño", que promueva el deseo de compromiso y no sea tan sólo una critica sin resultados positivos?
- ¿Cuál es el punto más importante que usted tiene que hacer antes de mejorar su trabajo en equipo? ¿Por qué razón el método: "Bueno, malo, bueno" que utilizamos para discutir los problemas de desempeño, no funciona y qué podemos hacer a cambio?

Este libro nos brinda tres claves en un sistema que usted puede usar todas las veces que sea necesario. Tom Connellan se encargará de responder todas las preguntas que tenga sobre alto rendimiento. Él ha investigado, practicado y desarrollado un sistema para lograrlo. Él ha sido investigador y director de programa de la Universidad de Michigan y organizaciones como GE, Dell, Marriot, Air Force Academy, Pacific Life y Neiman Marcus, utilizan con regularidad sus servicios de consultoría.

Compromiso absoluto
Dick Hoyt y Don Yaeger
ISBN: 1-607380-51-X
216 páginas

Nacido con una cuadriplejia espástica, Rick Hoyt ha sido valorado por numerosos médicos. Ellos aconsejaron a sus padres, Dick y Judy, ingresar a su hijo mayor en una institución especializada, pero ellos se negaron. Estaban decididos a darle a su hijo las mismas oportunidades posibles de llevar una vida normal y para ello, se aseguraron de incluir a Rick en todas las actividades cotidianas que desarrollaban y especialmente en las que involucraban también a sus otros dos hijos, Rob y Russ.

Un día Rick le pidió a su padre inscribirse en una carrera de caridad, pero la historia tuvo un giro inesperado: Rick también quería participar. Dick nunca había corrido en una carrera atlética antes, pero el reto mayor era tener que empujar la silla de ruedas de su hijo al mismo tiempo. Pero una vez más los Hoyt estaban dispuestos a superar cualquier obstáculo que estuviera en su camino.

Hoy en día, después de un millar de carreras, incluyendo numerosas maratones y triatlones, Dick Hoyt continúa empujando la silla de ruedas de su hijo. Conocidos con afecto por todo el mundo como el equipo Hoyt, ellos poseen ese compromiso absoluto que continúa inspirando a millones de personas y con orgullo llevan su lema: "Sí, tú puedes" a todos los que se cruzan en su camino.

Dick Hoyt es un Teniente Coronel retirado de la Fuerza Aérea, y su hijo Rick Hoyt es graduado de la Universidad de Boston. El equipo Hoyt ha participado en más de mil carreras atléticas, incluyendo la Maratón de Boston. Actualmente viven en Massachusetts.